DE

L'ABOLITION GRADUELLE

DE

L'ESCLAVAGE

DANS LES COLONIES EUROPÉENNES,

ET NOTAMMENT

DANS LES COLONIES FRANÇAISES;

CONSIDÉRÉE A LA FOIS DANS L'INTÉRÊT DES ESCLAVES, DES MAÎTRES,
DES COLONIES ET DES MÉTROPOLES.

Mémoire couronné en 1829 par la Société de la morale chrétienne ;

PAR M. P. A. DUFAU.

> L'histoire de cette question est l'histoire de toutes
> les questions de justice et d'humanité. Quand elles
> ont été proposées, elles ont rencontré un nombre
> considérable d'opposans ; et, lorsque leurs effets ont
> été bien connus, elles ont obtenu l'assentiment uni-
> versel.
>
> (PHILIPS. Discours à la Chambre des communes.)

PARIS,

AU BUREAU CENTRAL DE LA REVUE ENCYCLOPÉDIQUE,
RUE DE L'ODÉON, N° 30.

ET CHEZ PICHON ET DIDIER, LIBRAIRES, QUAI DES AUGUSTINS, N° 47.

M D CCC XXX.

AVANT-PROPOS.

15 janvier 1831.

Ce Mémoire, auquel une société vouée aux progrès du bien public et de la raison générale, a accordé, en 1829, son approbation, s'était trouvé en concurrence avec un travail de M. Billiard (1), administrateur judicieux et éclairé, qui avait sur moi l'avantage d'avoir observé de ses propres yeux les colonies, et vu pratiquer le système qu'il s'agissait de combattre. La société jugea que le zèle consciencieux que j'avais mis dans mes recherches avait balancé ce désavantage, et elle partagea le prix entre nous. Depuis, M. Billiard a sinon publié, du moins fait imprimer un *Code de culture*, accompagné d'observations qui comprennent la substance de son travail. La comparaison de ces deux ouvrages fera voir que nous sommes arrivés à peu près aux mêmes résultats; c'est ce qui m'a dispensé de rien changer au mien, ce que je n'eusse point hésité à faire, s'il y avait eu lieu d'emprunter à mon concurrent des vues plus saines et plus applicables, en lui laissant, bien entendu, l'honneur de les avoir conçues et proposées. Ce travail est donc simplement, sauf les sup-

_____

(1) Aujourd'hui préfet du Finistère.

pressions, celui que la Société de la Morale chrétienne a admis au concours et couronné.

Il me reste à payer un juste tribut de reconnaissance à l'honorable directeur d'un recueil qui, depuis douze années, sert efficacement la cause des lumières et de la liberté (1). La *Revue Encyclopédique*, en recevant ce travail presque en entier dans ses cahiers de 1830 (2), lui a donné, dans toutes les parties du monde civilisé, une publicité qui hâtera les progrès de l'opinion relativement à la cessation du plus funeste et du plus honteux abus de la force qui ait jamais été consacré parmi les hommes.

---

(1) M. JULLIEN (de Paris).
(2) T. XLVI, p. 529; t. XLVII, p. 579; t. XLVIII, p. 595.

TABLE.

IMPRIMERIE DE Vᵉ IHUAU, RUE DU CLOÎTRE SAINT-BENOÎT, Nᵒ 9.

L'ABOLITION GRADUELLE DE L'ESCLAVAGE.

L'esclavage colonial a déjà été la matière d'un grand nombre d'écrits ; mais peu, il faut l'avouer, se sont trouvés propres à satisfaire pleinement les hommes sages et éclairés. Les écrivains d'Europe, en général, animés par un juste sentiment de dégoût pour l'esclavage et de commisération pour les êtres qu'il soumettait à tant de misères, se sont ordinairement laissés entraîner à de fougueuses déclamations auxquelles les organes des opinions coloniales ont opposé, de leur côté, des déclamations non moins fougueuses. Que pouvait-il résulter d'un tel échange d'injures et d'anathèmes ? rien assurément ; aussi l'état de choses restait-il le même ; tandis que les auteurs continuaient à invoquer contre l'esclavage la nature, la morale et la religion ; les colons s'attachaient à augmenter, chaque année, le nombre de leurs esclaves ; quant aux gouvernans, ils voyaient avec une indifférence tout-à-fait étrange, les uns, écrire avec une énergie toujours croissante, les autres, persévérer de plus en plus dans un système véritablement destructeur. On s'habituait à croire qu'il ne pouvait en être autrement.

La révolution vint, et en enlevant à la France sa plus riche colonie, elle offrit un fait imposant que les apologistes de l'esclavage surent dénaturer avec adresse, et sur lequel ils fondèrent un système qui a paru spécieux à bon nombre d'esprits, dans notre pays surtout : il consiste à prétendre que toute discussion sur l'esclavage est imprudente et impoliti-

que ; qu'il faut voir là une de ces nécessités fâcheuses sur lesquelles on doit fermer les yeux et garder bouche close, et
dont le terme ne peut être attendu que du tems : puis, si le
zèle des amis de l'humanité, un instant calmé par cet étalage
de sagesse politique, se ranime en voyant que rien n'avance,
et que le tems est *immobile dans les colonies,* alors on s'écrie
que tout est perdu ; que de telles discussions vont amener le
soulèvement des esclaves et le massacre des planteurs ; et l'on
cite à l'appui Saint-Domingue. A ce terrible souvenir l'administration frémit ; elle demande avec instances qu'il ne soit
plus question d'esclaves et de colonies ; elle fait des promesses
pour l'avenir, mais dans un langage plein de réticences et de
précautions ; en parlant d'un tel sujet, elle a toujours un doigt
sur les lèvres, comm la divinité du silence !

En vérité, c'est attacher beaucoup trop d'importance à quelques phrases ; et l'on s'abuse étrangement quand on veut voir
ainsi dans nos écrits et nos discours la cause réelle des révoltes
qui naissent parmi les esclaves. Ces révoltes ne datent nullement de nos jours ; il y en a eu de fréquentes et de terribles,
à une époque où, si l'on écrivait, si l'on discourait sur l'esclavage, c'était pour en parler comme d'une chose régulière et
naturelle. Assurément, ce ne sont point les théories modernes
sur la liberté et les droits de l'homme qui ont produit ces anciennes insurrections de la Jamaïque, de Saint-Vincent, de la
Dominique, de la Grenade, de Surinam, etc. Et quant à la
catastrophe de Saint-Domingue, il ne faut qu'un peu de bonne
foi pour reconnaître combien les passions ont sur ce point
altéré la vérité : cette fameuse société des *Amis des noirs,*
dont on a fait tant de bruit, dont les débats ont dû retentir
jusque dans les cases et faire déserter les ateliers, n'a guère
dit que ce qu'on avait dit cent fois avant elle, que ce qu'on a
dit cent fois depuis ; elle n'a réclamé qu'*une liberté sagement
préparée* (1). Si ensuite nous examinons les phases diverses

_____

(1) Adressé, etc., à l'Assemblée nationale, rédigée par Clavière. In-8°,
p. 151.

de la révolution coloniale, nous sommes forcés d'avouer que les esclaves ne furent pour rien dans les premiers troubles; qu'ils ne se soulevèrent que parce qu'ils y furent entraînés par l'exemple et l'encouragement de deux classes d'habitans libres entre lesquelles la querelle s'était engagée; que leur soulèvement ne fut d'abord que partiel, et que même après qu'ils eurent en masse les armes à la main tout pouvait être encore sauvé sans cette sorte de déraison furieuse qui caractérise les troubles civils de tous les temps et de tous les pays !

Il faut donc comprendre que ce n'est pas par ce que MM. Wilberforce et Grégoire ont écrit que les esclaves, qui ne savent pas lire, se sont insurgés; mais parce qu'il est dans la nature des choses que des esclaves s'insurgent toutes les fois que l'occasion leur en est offerte; il faut voir le mal dans le mal, et non dans les pages qui ont pour objet de le révéler, d'y mettre un terme; il faut admettre que la véritable cause de l'agitation qui règne assez souvent parmi les esclaves est l'esclavage même, cette condition que nous allons faire connaître, et, certes, quand on la connaîtra, on y trouvera des motifs suffisans d'insurrection, et l'on ne croira pas avoir besoin d'en aller chercher ailleurs.

Par conséquent, ne nous laissons plus tant alarmer par ces clameurs intéressées qui servent à déguiser des abus auxquels on ne veut pas toucher; inquiétons-nous un peu moins de ce qui s'imprime en Europe, un peu plus de ce qui se fait en Amérique; osons parler, osons écrire sur le système colonial, modérément s'il est possible, mais toujours sans croire que nos paroles vont allumer un incendie; surtout rendons justice aux intentions, et accordons un honorable témoignage aux hommes qui, sans aucun intérêt, et par amour de l'humanité, se vouent à la défense d'opprimés dont la plupart ne connaîtront même pas les noms de leurs défenseurs.

Obtiendrons-nous pour nous-même la justice que nous réclamons pour autrui, et cet écrit échappera-t-il aux condamnations portées jusqu'ici contre tous ceux du même genre par les organes des opinions coloniales? nous l'ignorons : ce qui est sûr, du moins, c'est qu'il n'est ni basé sur les mêmes principes, ni traité d'après la même méthode que la plupart des écrits qui l'ont précédé. Le sujet s'est présenté à nos regards sous un aspect que nous oserions presque dire nouveau. En effet, nous écartant entièrement du mode d'examen qui consiste à envisager l'esclavage d'une manière générale et spéculative, à rechercher la nature et le fondement de cette institution sociale (s'il est permis de lui donner ce titre), à faire connaître les modifications qu'elle a subies chez tous les peuples, nous nous sommes borné à considérer exclusivement l'esclavage colonial, à en offrir un tableau tout substantiel, tout composé de faits positifs et concluans, et d'où résultât la nécessité pressante de l'abolir. Nous avons concentré tous nos efforts sur le système considéré dans ses effets actuels ; nous l'avons tourné dans tous les sens, examiné sous toutes les faces ; nous avons puisé en lui des armes pour le combattre, et fait en sorte qu'il portât lui-même son propre arrêt de condamnation. En un mot, on s'était surtout efforcé de présenter l'esclavage des noirs comme contraire à *tous les droits ;* nous avons fait voir qu'il est contraire à *tous les intérêts.* On avait réussi à prouver qu'il est *criminel ;* nous avons démontré qu'il est *absurde.* Ce travail se trouve par là suffisamment caractérisé.

Peu de mots suffiront pour en développer le plan. Il semblait qu'avant de prononcer, et pour pouvoir prononcer en connaissance de cause sur le régime de l'esclavage, il fallait, d'abord, constater ce qu'est actuellement ce régime. Dans ce but, nous avons commencé par offrir un résumé fidèle et impartial de l'état où se trouve aujourd'hui la population agricole de nos colonies, soit d'après la loi faite pour elle, soit d'après l'*usage* qui en diffère si fréquemment. Nous avons puisé ce résumé soit dans les recueils de lois, soit dans les ouvrages qui traitent de la matière, en observant avec soin de n'admettre autant que possible que des faits généraux et appuyés sur des témoignages non suspects de passion, et d'écarter ces détails individuels qui ne prouvent rien, parce qu'on peut toujours leur opposer des détails contraires. Comme on le verra, nous avons la plupart du tems choisi de préférence pour autorités, des personnes en partie imbues des idées coloniales; il nous a semblé que les aveux échappés à ces tièdes partisans du système étaient précieux, et qu'on leur devait beaucoup plus de confiance qu'aux assertions des écrivains qui se sont déclarés ennemis ardens et absolus de l'esclavage. Nous avons observé la même règle en consultant les nombreux ouvrages journellement publiés sur cette grande question en Angleterre, où elle est devenue une affaire toute nationale.

La constitution actuelle de l'esclavage étant ainsi suffisamment connue et avérée, nous avons successivement examiné ses résultats sous tous les rapports possibles et conclu de cet examen l'impérieuse nécessité de l'abolir; et, comme il est arrivé quelquefois qu'en accordant cette nécessité on alléguait une impossibilité matérielle tirée de la nature même des choses, nous avons fait voir que ce n'est là qu'une croyance erronée, qu'un préjugé qui cède à un examen approfondi. Enfin, jugeant qu'il ne suffisait pas d'avoir prouvé que l'esclavage doit être détruit, mais qu'il fallait montrer comment il peut l'être, nous avons terminé en indiquant la marche qui nous paraît devoir être adoptée pour consommer cette grande révolution, sans s'écarter du respect dû à la propriété privée, sans compromettre le maintien de la paix publique dans les colonies.

Le travail s'est trouvé ainsi divisé en trois parties, dans lesquelles on établit successivement :

1° Quelle est la condition actuelle des esclaves d'après la loi et l'usage des colonies;

2° Qu'il résulte de la condition actuelle de l'esclavage colonial qu'il est nécessaire de l'abolir, et que cette abolition peut se concilier avec l'existence des colonies;

3° Quels sont les moyens à prendre pour opérer l'abolition graduelle de l'esclavage.

La composition de ce Mémoire a exigé plus de peines et de

soins qu'on ne pourrait le croire, à cause du grand nombre de sources où il a fallu en puiser les matériaux. Nous avons tâché de le rendre aussi complet que possible. Au surplus, c'est une pensée plus haute que le désir de mériter d'honorables suffrages qui a excité notre zèle et soutenu nos efforts : l'espoir que peut-être il pourrait concourir à faire adopter une utile et glorieuse réforme, que tout au moins il donnerait, dans un lieu ou dans un autre, l'idée d'un bienfait auquel on ne songeait pas, qu'il pourrait en résulter des améliorations dans le sort de quelques malheureuses créatures d'une contrée lointaine; cette pensée a effacé toutes les autres; elle nous a ému et nous émeut encore profondément : c'est assez dire que nous avons eu bien plus en vue, dans ce travail, une bonne action qu'un bon ouvrage !

PREMIÈRE PARTIE.

Condition actuelle des esclaves d'après la loi et l'usage des colonies.

Pour pouvoir bien apprécier la législation coloniale en matière d'esclavage, il est nécessaire de se reporter un instant à l'établissement des premières colonies européennes, et de voir ce que fut l'esclave sous la main de son maître, antérieurement à toute législation. On sait que les nègres furent introduits dans les Antilles par les Espagnols, environ un quart de siècle après la découverte de l'Amérique, pour remplacer ces malheureux Indiens que les mines engloutissaient par millions. On les choisit comme plus forts que les naturels, plus propres qu'eux au travail pénible indispensable pour défricher ce sol nouveau que le génie de Colomb venait de livrer à la cupidité européenne. Or, tout prouve qu'on les considéra dans l'origine comme de robustes animaux dotés par la nature du degré d'intelligence rigoureusement nécessaire pour pouvoir être dirigés à coups de fouet dans les cultures coloniales. Mille témoignages pourraient être invoqués, pour prouver que le noir fut primitivement assimilé à la brute. Les auteurs contemporains n'en parlent pas autrement. Pour le soumettre au joug, il faut, à les en croire, l'accoupler sans cesse au gré de ses désirs, lui donner peu à manger, l'accabler de travail, le châtier de tems en tems, moyennant quoi *il engraisse encore,* suivant la remarque du père Charlevoix (1), qu'on ne doit pourtant pas regarder comme ayant vu d'un œil sans pitié les misères endurées par les esclaves.

Une conséquence naturelle de cette manière de voir fut de considérer l'esclave, dans le principe, comme la *propriété entière et absolue* de son maître, comme une propriété qui ne renfermait en elle rien d'exceptionnel, et qui devait être régie d'après les règles ordinaires appliquées à tout autre objet de possession privée. Il fut donc meuble ou immeuble, dépendance morte de la plantation ou valeur commerciale ; transmissible de toutes façons, mais toujours *chose* et non *personne,* comme s'exprime le jurisconsulte, et l'humanité seule put mettre quelque limite aux droits exercés envers lui, de même qu'envers les bêtes de somme dont il partageait les travaux et les châtimens. Ainsi se trouva réglé par le fait le mode de l'esclavage ; c'est ce qui devient incontestable quand on voit les colons, aux premières tentatives de l'autorité religieuse ou politique pour intervenir dans leurs rapports avec leurs esclaves, témoigner de l'étonnement et de la colère, invoquer les principes, demander de *quel droit on veut les empêcher d'user à leur gré de ce qui leur appartient,* et traiter une pareille prétention *d'attentat aux droits inviolables de la propriété.* Ajoutons que le même argument a été constamment reproduit dans la suite, toutes les fois qu'il s'est agi d'améliorer *légalement* le sort des esclaves, les colons ayant toujours persisté dans l'opinion que ce soin ne regardait qu'eux, que c'était leur *droit,* et qu'on devait s'en remettre à cet égard sur leur intérêt et leur humanité.

Maintenant il est facile de concevoir que, lorsqu'on crut nécessaire de régulariser l'esclavage par quelques lois, ces lois

_____

(1) *Histoire de Saint-Domingue,* tom. I, liv. IV.

durent naturellement avoir pour base le principe préalablement consacré qui constituait l'esclave simple, matière de possession. Pouvait-il en être autrement quand les actes législatifs émanaient tous d'une façon plus ou moins directe des colons eux-mêmes, soit comme membres des assemblées coloniales, soit comme conseils des gouverneurs généraux? Et ce fut effectivement la règle fondamentale du droit des colonies touchant les esclaves. Seulement, comme les progrès de la raison humaine ne tardèrent pas à faire reconnaître en Europe que cette propriété était d'une nature particulière, et qu'elle exigeait de la part des gouvernemens une protection spéciale, il arriva que dès les premiers tems mêmes les mesures portèrent en quelques points atteinte au système qu'elles consacraient implicitement. Il n'en fut guère autrement dans la suite, et la législation coloniale considérée dans son ensemble n'est, à quelques vicissitudes près, qu'une série d'altérations progressives introduites dans la constitution primitive de l'esclavage.

Ainsi s'explique ce caractère de lutte perpétuelle entre les colonies et les métropoles, que manifeste si fréquemment cette législation, et ainsi s'explique pareillement l'inefficacité, la nullité complète même dont elle a été souvent frappée; et de là résulte aussi que, pour bien apprécier la condition des esclaves dans les colonies, il faut y distinguer ce qui se rapporte à la *loi*, de ce qui se rapporte à *l'usage*. C'est ce qui nous oblige à subdiviser l'examen que nous allons faire, de manière à établir séparément *le mode légal* et *le mode réel* de l'esclavage.

§ Ier. *Dans les colonies françaises.* — La législation coloniale, en matière d'esclavage, a encore pour base fondamentale dans nos établissemens l'ordonnance célèbre de 1685, contre-signée *Colbert*, et connue sous le titre de Code noir (1). La condition des esclaves s'y trouve ainsi réglée :

_____

(1) *Moreau* de Saint-Merry. *Lois et Constitutions des Colonies.* In-4°, tom. 1.

Les maîtres doivent faire instruire leurs esclaves dans les principes du christianisme, et leur permettre de prendre part aux exercices religieux; tout travail doit cesser, depuis l'heure de minuit du samedi jusqu'au minuit suivant.

Le concubinage avec une esclave est interdit, sous peine d'amende; les enfans qui en sont issus ne peuvent être affranchis que par l'union du père avec sa concubine, laquelle, en ce cas, est tenue pour affranchie, et ses enfans libres et légitimes. L'enfant suit toujours la condition de sa mère.

Les esclaves ne peuvent se marier, sans la permission de leurs maîtres; mais ceux-ci ne peuvent les marier contre leur gré.

La quantité de nourriture et l'espèce des vêtemens que les maîtres doivent à leurs esclaves sont fixés. Il est défendu de se délivrer de ce soin, en accordant aux esclaves certain jour de la semaine pour travailler à leur compte. En cas d'infraction de la part des maîtres ou de traitemens barbares et inhumains, les esclaves ont droit de recours auprès du procureur-général, lequel est tenu de poursuivre.

Les maîtres peuvent enchaîner leurs esclaves, et les faire battre de cordes ou de verges, mais non *leur faire donner la torture ou les mutiler dans un de leurs membres*, sous peine de confiscation dudit esclave.

Les esclaves malades ou infirmes restent à la charge de leurs maîtres. Il est ordonné à tout possesseur d'esclaves de les gouverner en bon père de famille.

Les esclaves ne peuvent rien posséder, ni faire aucune disposition quelconque; ils sont *meubles*, et leur condition est généralement réglée comme celle des autres objets mobiliaires. Ils ne peuvent être admis comme arbitres, ni comme témoins. Observons, quant au témoignage, qu'il fut reconnu postérieurement, que la plupart des délits commis dans les habitations resteraient impunis, si l'on appliquait rigoureusement le principe; le témoignage des esclaves fut donc admis; mais *en aucun cas contre leurs maîtres*. Cette règle a été généralement suivie dans nos colonies; la Cour de cassation l'a f r- mellement consacrée en 1828.

Les esclaves ne peuvent intenter aucune action en justice. Ils sont jugés d'après les formes et par les magistrats ordinaires ; ils jouissent du droit d'appel au conseil souverain ; ce droit fut dans la suite restreint aux cas *de mort ou de jarrets coupés.*

L'esclave qui a frappé son maître ou quelqu'un des siens avec contusion et effusion de sang, *au visage,* sera puni de mort. La même peine peut également lui être infligée, suivant les cas, pour violences envers des personnes libres.

Nous reviendrons ailleurs sur les dispositions relatives aux affranchissemens.

A cette loi nous devons ajouter l'ordonnance portée, un siècle après, par Louis XVI, en 1784, et qui contient plusieurs dispositions en faveur des esclaves.

Cet acte, après avoir mieux spécifié les heures de repos accordées aux esclaves, les jours de fêtes et dimanches, statue qu'il sera alloué à chacun d'eux un petit terrain qu'ils cultiveront dans leurs loisirs, et dont les produits tourneront entièrement *à leur aisance personnelle.*

Il doit être, en outre, établi sur les habitations des terrains suffisans en vivres, ainsi qu'un hôpital aéré et meublé de lits pour les malades et les infirmes.

Il est défendu de laisser coucher les esclaves par terre.

Les femmes enceintes et les nourrices ne seront assujetties qu'à un travail modéré : les mères de six enfans sont exemptes d'un jour de travail par semaine, pour la première année ; de deux pour la deuxième ; et ainsi de suite, jusqu'à ce qu'elles soient exemptes de toute espèce de travail.

Le nombre des coups de fouet infligés comme châtiment est limité à cinquante.

Les procureurs ou économes des habitations peuvent être, suivant les cas, révoqués de leurs fonctions, condamnés à des amendes, même à la peine de mort.

L'année suivante, sur quelques représentations des colons, une nouvelle ordonnance enjoignit aux esclaves de porter respect et obéissance aux personnes préposées sur eux, comme à leurs maîtres mêmes ; mais tout en spécifiant qu'il ne fallait qualifier d'insubordination *les justes plaintes des esclaves tou-chant la nourriture et les traitemens abusifs.*

Ainsi se trouva fixée la condition légale des esclaves ; la révolution vint changer cet ordre de choses. L'esclavage fut aboli dans toutes nos colonies par la Convention nationale ; mais le gouvernement consulaire se hâta d'annuler cet acte de la Convention, et la loi du 30 prairial an X y rétablit tout sur le pied de 1789. La restauration n'ayant point abrogé cette loi, il en résulte que l'esclavage existe à présent dans les colonies françaises, tel qu'il a été constitué par les actes de Louis XIV, Louis XV et Louis XVI ; de sorte que, pour ce qui concerne les esclaves, notre révolution peut absolument être considérée comme non avenue (1).

On peut ranger dans deux classes les dispositions législatives que nous venons d'énumérer. Les unes sont des mesures de protection en faveur des esclaves, les autres sont des mesures de rigueur destinées à garantir contre eux la sécurité des planteurs. Or, tout prouve que, dans la pratique, si les dernières ont constamment été exécutées avec le soin le plus scrupuleux, et quelquefois même iniquement outrepassées, les premières, au contraire, ont, dans tous les tems, été presque toujours mises en oubli, ou violées avec impudeur.

En 1788, MALOUET reconnaissait (2) que les ordonnances et les lois qui protégeaient les esclaves étaient tombées en désuétude, et que tout était *à peu près à la discrétion du maître*. Un écrit plus récent, que recommande hautement la position de son auteur (3), porte : « quant à l'article du Code noir qui prescrit de donner aux esclaves deux rechanges par an, il n'y a peut-être pas deux habitations, *dans toutes les colonies*, où cette sage loi ait été suivie. » Il en résulte qu'ils sont presque

---

(1) Il est même à remarquer que les ordonnances de Louis XVI, de 1784 et 1785, ne sont pas insérées dans le Code officiel de la Martinique ; ce qui prouve qu'elles ne sont point considérées comme étant actuellement en vigueur dans les Antilles françaises.

(2) *Mémoire sur les Colonies*, pag. 56.

(3) *Des Colonies, et particulièrement de Saint-Domingue*, par le colonel MALENFANT, ancien colon. Paris, 1814.

nus. En outre, ils n'ont pour la plupart ni lits, ni matelas, etc.;
et c'est par suite de l'humidité du sol sur lequel ils couchent
qu'un très-grand nombre meurent de la poitrine, dans un pays
où jamais les blancs ne sont poitrinaires (p. 165). Il périt un
grand nombre d'enfans, parce que, la nuit, ils couchent *nus
sur la terre*, et qu'on ne *donne jamais rien, ni pour les vêtir,
ni pour les nourrir*. Dans les hôpitaux les plus renommés, les
Noirs malades ne sont couchés que sur des *lits de camp; heureux s'ils ont une natte en jonc pour se couvrir !* Le maître n'est
pas moins l'arbitre absolu de la nourriture; elle dépend entièrement de la quantité de terrains qu'il a consacrée aux vivres
et de la réussite de ces plantations. L'esclave ne reçoit, la
plupart du tems, que *quelques patates et un peu d'eau* ; et, si, la
nuit, la faim le force à aller marronner quelques subsistances,
il est *taillé* (fouetté) le lendemain. « Que de fois j'ai vu, à
l'instant du déjeuner, des Noirs ne pas avoir une patate, et rester
sans manger (p. 204) ! Quant aux châtimens, ils ont pu
quelquefois être portés jusqu'à CINQ CENTS *coups de fouet* distri-
bués par deux commandeurs à la fois, et souvent recommen-
cés le lendemain (p. 174). » Ce châtiment peut être infligé à
tout propos. «*J'ai vu plusieurs fois,* dit l'auteur d'un écrit récemment publié, qui a passé vingt ans dans nos diverses colonies (1), un Noir battu jusqu'au sang *pour avoir cassé un verre
ou mal lavé une assiette.* J'ai entendu les cris d'un malheureux
soumis pendant plusieurs jours au supplice du fouet, parce
qu'il avait *oublié d'arroser les radis de son maître* (p. 313).»
L'auteur affirme que les ordonnances de Louis XIV et de
Louis XVI sont, en ce qui concerne les traitemens, entièrement dédaignées, et que chacun châtie ses esclaves, sans avoir
d'autre limite que sa volonté.

L'espèce et la durée du travail sont fixées au gré du maître, du
gérant, ou même du commandeur; ce travail est presque toujours excessif et susceptible d'épuiser les forces des travail-

---

(1) *Précis historique de la Traite et de l'Esclavage,* par M. Mo-
RENAS, ex-employé au Sénégal en qualité d'agriculteur-botaniste. In-8°,
1826.

leurs. Un ancien colon de Saint-Domingue, du reste parti-
san zélé de l'esclavage, fait l'aveu que c'est la principale cause
de la mortalité parmi les esclaves (1). « J'ai souvent gémi,
dit-il (p. 337), de la grandeur du travail dans les sucreries.
Dans les tems de la roulaison, les esclaves ont à peine quelques minutes de repos ; les ouvriers des moulins et ceux de
la sucrerie y sont attachés *vingt-quatre heures de suite : ceux
qui sont aux champs viennent les relayer à minuit.* Tous y passent tour à tour ; et, quand l'atelier n'est pas nombreux, il y
faut revenir, un jour sur trois. Ainsi, la roulaison s'effectuant,
sans discontinuer, du lundi au samedi à minuit, l'esclave passe
huit jours dans un travail forcé, *sans dormir* (p. 378).

» Les femmes travaillent quelquefois jusqu'à la veille de
l'accouchement ; et, quant au repos du dimanche, il est entièrement loisible au maître d'en priver ses esclaves, et de les
faire travailler, ce jour-là, si bon lui semble (2). »

Dans un tel état de choses, il ne faut pas demander ce que
peut être l'instruction religieuse. La plupart des esclaves sont
baptisés ; mais leur croyance ne consiste qu'en une honteuse
superstition. Malouet (3) avoue qu'ils « n'ont aucune idée de
la religion, et qu'ils y mêlent toutes les extravagances des cul-
tes idolâtres. *On ne prend ni le tems, ni la peine de les instruire ;*
et leur vie, si pénible d'ailleurs, se passe dans cet abrutissement pitoyable. Témoins des déréglemens des prêtres, etc. »
Ce témoignage est confirmé par celui d'écrivains plus ré-
cens (4) qui affirment que « le plus grand nombre des esclaves
ne sont réellement chrétiens que de nom. »

Un libertinage sans frein est le seul dédommagement laissé
aux esclaves pour prix de l'état d'abrutissement dans lequel
on les maintient. Les mariages sont rares parmi eux. Les maî-

---

(1) M. Barré-Saint-Venant. — *Des Colonies modernes sous la Zone
torride,* etc. 1 vol. in-8°, 1802.

(2) Morenas, p. 73.

(3) *Mémoires sur les Colonies.* T. iv, p. 345.

(4) Malenfant, p. 227, etc.

tres, loin de les favoriser, y mettent obstacle, sous prétexte qu'ils ne disposent plus de leurs personnes, ni de celles de leurs enfans avec autant de facilité, quand ils sont unis entre eux par ce lien sacré. « La disposition du Code noir, dit un écrivain, apologiste modéré de l'esclavage, qui défend aux maîtres d'abuser de leurs négresses *n'a jamais été exécutée, et elle n'a pu l'être* (1). »

Quant à l'administration de la justice, relativement aux esclaves, on a écrit qu'elle n'est *qu'un abus scandaleux de l'arbitraire le plus révoltant* (2); on peut consulter, pour s'en convaincre, les collections qui présentent les arrêts des diverses cours coloniales jusqu'à ces derniers tems. Là on voit des esclaves condamnés à être *pendus* et *étranglés pour propos séditieux*, ou bien *pour avoir porté la main sur un blanc*; et, d'une autre part, des maîtres punis d'une amende en sucre, et de quelques jours de prison, pour avoir fait périr sous le fouet, ou tué à coups de fusil leurs esclaves (3).

Un arrêté du grand-juge, du 9 février 1804, nous fait connaître que, jusqu'à cette époque, un seul juge pouvait prononcer sur la vie des esclaves. Ce n'est que depuis 1827 que la publicité des débats a été introduite dans les Antilles, et que l'esclave accusé a un défenseur; mais il est encore privé du recours en cassation.

Tel est l'esclavage dans les colonies françaises. Toutefois, il faut l'avouer, les mœurs adoucies presque partout ont, dans un grand nombre de cas particuliers, amélioré le régime qui vient d'être décrit, et multiplié le nombre des maîtres humains; sans qu'il faille pourtant s'en rapporter à cet égard aux témoignages intéressés des colons et à ceux des orateurs qu'ils ont choisis pour défenseurs dans nos assemblées. En outre, on doit se garder, quand il s'agit des colonies, de pren-

---

(1) HILLIARD-D'AUBERTEUIL. *Considérations sur la Colonie de Saint-Domingue.* T. 1, p. 67.

(2) MORENAS, p. 240.

(3) MOREAU DE SAINT-MERRY. — ISAMBERT. *Lois et Ordonnances,* etc.

dre une idée absolue du régime qui est en vigueur. Comme
tout y est livré à l'arbitraire, il en résulte que les faits peuvent
souvent n'avoir qu'une importance locale et momentanée. Ce
qui est exactement vrai pour telle colonie ne l'est pas jusqu'au même degré dans la colonie voisine. Souvent, il suffit
du choix d'un gouverneur qui sait *mettre l'humanité à l'ordre
du jour*, pour voir le système rapidement modifié. Ces observations, que nous dicte l'impartialité sévère dont nous nous
sommes fait une loi, ne sauraient, au surplus, infirmer les assertions qui précèdent, et qui établissent bien réellement, en
point de droit, comme en point de fait, la condition dans laquelle ce xix.ᵉ siècle, dont nous sommes fiers, a, jusqu'à
présent, laissé les esclaves de nos colonies.

§ II. *Dans les colonies anglaises.* — La législation des établissemens britanniques en matière d'esclavage se compose
de la loi *consolidée* de la Jamaïque, de 1817; des actes d'*amélioration* votés par les autres îles, dans les années subséquen-
tes, et *des ordres en conseil* portés par le gouvernement pour
quelques colonies qui ne jouissent pas des formes représenta-
tives (1).

La loi de la Jamaïque impose aux maîtres l'obligation de
faire instruire leurs esclaves dans les principes de la foi chrétienne ; de leur accorder un jour sur quinze pour la culture de
leurs terrains à vivres ; de leur donner un habillement convenable, une fois dans l'année. Le travail du dimanche est interdit ; une exemption de taxe est accordée aux maîtres chez
lesquels la population esclave se serait accrue ; il est défendu
d'abandonner des esclaves, devenus vieux ou infirmes ; le meurtre d'un esclave peut être puni de mort, et les traitemens
cruels, d'une amende ou de la prison ; le maître peut, en ce
dernier cas, être déclaré incapable de posséder des esclaves ;
le nombre des coups de fouet infligés pour punitions dans le

_____

(1) Voyez, dans la *Revue Encyclopédique* (février 1830), l'historique
de l'introduction de ces divers actes.

sein des habitations ne peut pas dépasser trente-neuf; le maître ou gérant doit être présent; l'usage des colliers ou chaînes est aboli; enfin, l'institution protectrice du jury est introduite dans les procédures criminelles intentées contre les esclaves. Les actes d'amélioration des autres îles sont en général modelés sur celui-ci. Quant aux ordres en conseil, ils instituent un magistrat *protecteur des esclaves*, auquel ces derniers ont recours en toute circonstance, et qui surveille l'exécution des dispositions de la loi en ce qui les concerne; l'usage du fouet est interdit aux surveillans, comme signe d'autorité; dans les châtimens, le nombre des coups est restreint à *vingt-cinq*; un tel châtiment ne peut être infligé qu'en présence d'une personne libre; tous châtimens corporels sont sévèrement *interdits à l'égard des femmes*; chaque habitation doit désormais avoir un registre sur lequel seront inscrits tous les châtimens infligés; l'esclave qui veut se marier en obtient l'autorisation du magistrat, sur le refus non motivé de son maître. Dans les ventes d'esclaves, on ne peut plus séparer *le mari de la femme, ni les enfans au-dessous de seize ans, de leurs parens*. L'esclave a la libre disposition de son pécule, et peut intenter en justice toute action afin de faire respecter sa propriété; il a le droit de faire accepter à son maître le juste prix de sa personne, et de se racheter ainsi, de même que l'un des siens; enfin, il peut être entendu comme témoin en certains cas, et en produisant un certificat d'instruction religieuse.

Telles sont les bases du système légal introduit dans les établissemens britanniques pour régler la condition des esclaves: nous laissons au lecteur à le rapprocher de celui qui régit nos colonies.

Établissons maintenant la condition des esclaves sous l'influence de ce système légal. En 1825, un rapport, imprimé par ordre de la Chambre des Communes (1), et qui était le

(1) *First Report of Commissionners on civil and criminal Justice, in the West Indies*, ordered by the House of Commons to be printed, 5 july, 1825.

résultat des recherches de deux commissaires nommés par
elle pour visiter les colonies, portait que les esclaves sont
actuellement traités en général avec la plus grande douceur.
Les dispositions cruelles que contiennent encore les lois ne sont
jamais mises à exécution ; elles répugnent tout-à-fait aux sentimens des habitans humains et éclairés qui constituent maintenant, dans les principales îles, une *majorité considérable et
toujours croissante.* Pendant environ vingt ans qu'ont duré
leurs recherches, il n'ont entendu citer qu'un très-petit nombre de traits de cruauté envers des esclaves. Dans leurs fréquens voyages au travers des îles, ils ne virent presque jamais
le fouet ou le bâton servir entre les mains des surveillans des
travaux, autrement que comme signe d'autorité. Ils ont reconnu une disposition générale à établir des écoles pour préparer les esclaves à recevoir de nouveaux adoucissemens à
leur condition ; enfin, il leur paraît que le principe d'*amélioration graduelle* du système d'esclavage a été partout franchement admis.

En 1823, M. BURKE, membre de l'assemblée législative de
la Jamaïque, prononça, au sujet des nouvelles mesures proposées par le gouvernement, un discours qui peut servir à constater la situation des esclaves dans cette île. L'orateur affirme
que toutes les dispositions protectrices de la loi consolidée
sont religieusement observées ; que tous les délits commis envers cette partie de la population sont sévèrement réprimés ;
que les mariages sont puissamment encouragés, et de jour
en jour plus nombreux ; que les esclaves jouissent de la libre
et pleine disposition de leur pécule, lequel serait quelquefois
une fortune pour un villageois du royaume-uni ; que le désir de
favoriser l'instruction religieuse parmi cette partie de la population impose à l'île un fardeau de 10,000 liv. sterl. par an :
il est loin, au surplus, de regarder le Code des esclaves comme
parfait, et il admet qu'il est susceptible de recevoir du tems
des améliorations (1).

_____

(1) *Proceedings of the honourable House of Assembly of Jamaïca.* In-8°,
1823.

En 1824, l'assemblée de la même île établit, comme un point de fait, dans son rapport sur les troubles dont l'île avait été momentanément le théâtre, qu'aucun des esclaves qui avaient pris part aux complots n'avait allégué pour sa justification la cruauté ou l'exigence de son maître.

L'accroissement des valeurs possédées par la population esclave est un fait qui atteste suffisamment ses progrès vers les habitudes d'ordre, d'économie et de sociabilité. Le montant de cette propriété s'est élevé, dans ces dernières années, à la somme d'un million sterling, pour la seule île de la Jamaïque, et à 2,500,000 liv., pour la totalité de la population esclave des Antilles anglaises, portée à 700,000 individus (1). Il arrive quelquefois qu'un planteur, pressé par ses créanciers, a recours à ses esclaves, qui lui prêtent tout ou partie de la somme dont il a besoin.

On trouve aussi une preuve de la modération des travaux en général dans cette observation que la supériorité numérique des femmes, qui se faisait remarquer parmi la population esclave, contrairement à une des données de statistique les mieux établies, et qui résultait des travaux excessifs qu'on exigeait des hommes, a été à peu près effacée ; en 1818, la population noire de la Jamaïque était portée à 345,252 individus ; et, dans ce total, le nombre des femmes n'excédait que de 74 seulement celui des hommes (2).

Quant à l'instruction religieuse, on a déjà obtenu d'heureux résultats de l'institution des deux évêques de la Jamaïque et de la Barbade. Le clergé inférieur est plus surveillé et mieux dirigé vers l'accomplissement de ses devoirs. L'évêque de la Barbade débuta, en 1825, dans sa mission apostolique, par une visite dans toutes les parties de son diocèse maritime. Le rapport qu'il fit, après une inspection détaillée, fut satisfaisant ; il trouva partout les planteurs entièrement disposés à contribuer à tous les frais que pourrait entraîner l'érection d'éta-

(1) *The royal Gazette of Jamaica.* 1826, n° 18
(2) *The Jamaïca Almanach for the year* 1818, p. 117.

blissémens nouveaux. Ce même personnage avait attentive-
ment suivi des écoles établies par lui-même à la Barbade pour
les enfans noirs, et il rendait témoignage à leur docilité, à leur
aptitude; il croyait qu'on pourrait bientôt se servir de ces
mêmes enfans pour communiquer quelque instruction à des
nègres adultes (1).

Il existe, depuis quelques années, à la Jamaïque, une *Société
pour provoquer la conversion et l'instruction religieuse des esclaves.*
Cette Société se rattache à une autre association du même
genre formée à Londres. Un document publié en avril 1826,
par le comité de la Société, pour la paroisse de Saint-Thomas,
établit que, pendant l'année 1824, environs 70 chapelains et
catéchistes ont été employés par elle pour porter l'instruction parmi les Noirs, dans les îles d'Antigoa, Montferrat,
Saint-Christophe, Nevis, Barbade, la Jamaïque, ainsi qu'à
Demerara, et qu'une somme de 3,335 liv. sterl. a été consacrée à cette destination.

De pareils comités existent dans d'autres îles. Une lettre
adressée à l'agent colonial des îles Bahama, en Angleterre,
par les dix commissaires de correspondance (2), peut servir
à fixer la position des esclaves dans ces îles. Suivant les commissaires, la non séparation des familles dans les ventes d'esclaves, la libre disposition de leur pécule, la fixation d'une tâche, qui réduit la durée de leur travail à sept heures environ,
sont des usages universellement consacrés (p. 12). Les esclaves sont dirigés comme des ouvriers ordinaires, et le fouet
ou la simple baguette que tient le surveillant n'est qu'un signe de son autorité (p. 17). Les dispositions des actes relatifs
à l'entretien, à la nourriture, etc., sont religieusement exécutées, et il est facile, en observant les esclaves dans les plantations, de reconnaître qu'ils n'ont point à se plaindre sous ces
divers rapports (p. 18). L'instruction religieuse a fait des
progrès sensibles dans ces dernières années, comme le con-

(1) *Quarterly Review*, 1825.
(2) *An official letter*, etc. Nassau New-Providence. In-8°, 1823.

statent les rapports de la Société wesleyenne. Parmi les pré-
dicans autorisés dans ces îles, quatre sont noirs (trois bap-
tistes et un anglican ; il est *peu d'esclaves* qui ne professent le
christianisme ; les maîtres favorisent l'accomplissement des
devoirs religieux (p. 19). Quant aux mariages, ils sont également secondés par les maîtres ; et, si la religion ne les consacre
pas toujours, c'est que les prêtres de l'Église d'Angleterre peuvent seuls les solenniser, et qu'il n'y en a que deux pour cette colonie, composée d'une chaîne de 70 îles qui s'étendent dans
une longueur d'environ cinq cents milles. Le même inconvénient a lieu à l'égard des Blancs libres ; mais, que cette consé-
cration ait lieu ou non, on remarque, en général, à l'avantage
du progrès des habitudes morales parmi la race noire, que le
contrat est rarement violé, et qu'il n'est guère dissout que par
la mort (p. 20). Les commissaires enfin déclarent formellement que les châtimens infligés aux esclaves, pour les fautes
et délits qu'ils commettent, sont doux et modérés, si on les
compare à ceux qui sont encourus pour les mêmes actes, d'a-
près la loi criminelle d'Angleterre.

En 1820, un rapport fait à l'assemblée de l'île de Tabago
établit que le décroissement annuel de la population noire de
cette île s'affaiblit de jour en jour, et que la diffusion et l'augmentation de la propriété parmi les Noirs, dont l'état est généralement amélioré sous le rapport de leurs demeures, de
leurs terrains, de leurs vêtemens et de leur nourriture, la diminution des pratiques de magie, l'affaiblissement des châtimens, l'abandon total des travaux de nuit dans les habitations,
constituent, suivant l'opinion du comité, un progrès aussi
réel et aussi rapide que le comporte la nature de cette popu-
ation noire qui consiste en partie en Africains importés.

En 1825, le gouverneur de la Dominique, écrivant au ministre affirmait que les esclaves étaient généralement bien
traités et satisfaits, et qu'ils n'avaient que bien rarement à se
plaindre de leurs maîtres (1). Quelques mois après, le gou-

---

(1) *The royal Gazette.* 1826, n° 18.

verneur de la Grenade, ouvrant le session législative, se féli-
citait d'avoir à diriger une île où l'on avait déjà tant fait en faveur des esclaves, et où l'on se promettait de faire plus encore dans un avenir peu éloigné. Vers la même époque, les
registres des châtimens de l'île de la Trinité ayant été produits
au parlement, sur une masse de 556 propriétés présentant
5,915 esclaves on ne trouvait pas quelquefois, dans un espace de trois mois, un seul châtiment inscrit. Enfin, nous
avons sous les yeux les procès-verbaux de diverses procédures suivies en 1824, dans la même île, contre des esclaves,
desquels il résulte que, conformément à l'ordre en conseil,
le protecteur des esclaves y assiste ; qu'il interroge lui-même
les témoins à charge, après qu'ils l'ont été par le procureur-
général, etc. (1). Il nous serait facile de multiplier les témoignages de ce genre.

Faut-il croire néanmoins à toute l'étendue du bien annoncé
par les documens que nous venons de citer? Faut-il admettre
comme généralement adoptés les adoucissemens du sort des
Noirs soumis au joug britannique, et adhérer à ce que les
planteurs répètent si souvent, que leurs esclaves chérissent
presque le sort qu'on leur a fait? Non, certes, telle n'est pas
notre pensée. Il est de la nature de l'esclavage que le maître
puisse toujours facilement rendre nuls pour ses esclaves les
bienfaits d'un ordre légal, même admirable ; et, après tout, celui-ci ne l'est point encore. Si les mœurs se sont en général
adoucies, comme dans toutes les autres colonies, il n'en est
pas moins vrai que la personne du Noir est, là comme ailleurs,
dans une foule de cas, tout-à-fait à la merci du colon ; que,
là aussi, son sort dépend trop souvent des habitudes morales,
de la situation des affaires de ce colon, surtout du choix qu'il
a fait des mandataires de son autorité, etc. Il est certainement
permis de douter de cette félicité si vantée, quand on voit les
gazettes des îles couvertes de signalemens d'esclaves déser-
teurs, et quand on croit devoir porter contre la désertion des

(1) *The Trinidad-Guardian*. Mai 1826.

peines très-sévères. Les lois protègent les esclaves ; mais on est forcé de convenir qu'elles peuvent être éludées, et tout démontre qu'elles le sont quelquefois. Il est bien reconnu surtout que l'exclusion du témoignage des esclaves contre leurs maîtres sert à laisser dans l'ombre une foule d'actes auxquels ils sont en butte. En 1825, un membre de l'assemblée législative de la Jamaïque, M. RENNALS, rapporteur et défenseur d'un projet de bill pour l'admission du témoignage des esclaves, cita divers faits rapportés par les personnes que le comité avait interrogées, et relatifs à des procès où des Blancs libres *manifestement reconnus coupables avaient échappé au châtiment, parce qu'il n'y avait eu pour témoins que des esclaves.* Enfin, un colon, ami sincère de l'humanité, et qui nous a vivement excités à la publication de cet écrit, nous avouait tout récemment que, dans l'île qu'il habite (l'une de celles que régit un ordre en conseil), il y a encore une foule d'abus monstrueux sur lesquels les magistrats sont obligés de fermer les yeux, et d'infractions faites aux lois avec une entière impunité.

Il est donc bien démontré que tout n'est pas fait encore dans les colonies anglaises en faveur des esclaves, bien qu'une amélioration notable doive être regardée comme un fait constant.

§ III. *Dans les colonies des autres nations et États des deux Amériques.* — Les colons espagnols, comme pour effacer les cruautés dont leurs pères se rendirent coupables dans le Nouveau-Monde envers les indigènes, se sont depuis long-tems signalés, entre tous les planteurs européens, par la douceur de leur conduite à l'égard des esclaves noirs qui y sont venus remplacer cette population éteinte. La législation de leurs colonies est, en ce qui touche l'esclavage, basée sur des principes plus humains et plus équitables, et elle est aussi moins fréquemment violée ou mise en oubli que dans la plupart des autres possessions coloniales.

Cette législation, formée des cédules successivement portées par les rois, et des actes des gouverneurs, qualifie en général délit, l'effusion du sang dans les châtimens.

L'esclave a la libre disposition de sa propriété; s'il a de justes motifs de plainte contre son maître, le magistrat peut contraindre ce dernier à le vendre pour le prix d'achat; s'il a perdu de sa valeur par l'âge ou par quelque infirmité, le magistrat fait l'estimation. Il a, du reste, toute facilité pour se racheter, en payant à son maître son juste prix; il est admis à porter témoignage en plusieurs cas.

C'est aux colonies espagnoles que le gouvernement britannique a emprunté l'utile institution *du protecteur des esclaves*. L'instruction religieuse est là, comme on pense, un point important. Les mariages sont encouragés. Au surplus, un fait décisif en faveur de la condition des esclaves sous la domination espagnole, c'est que, dans les îles mêmes où ils étaient comparativement plus nombreux que dans les autres Antilles, il n'y a jamais eu de révolte contre les Blancs.

Les républiques qui ont remplacé sur le continent les colonies espagnoles ont aboli l'esclavage et adopté, pour en amener l'extinction définitive, des mesures sur lesquelles nous reviendrons ailleurs.

Au Brésil, le régime légal de l'esclavage est à peu près le même que dans les possessions espagnoles. En général, le travail est taxé; et, au-delà de la tâche que le maître a droit d'exiger, l'esclave travaille pour son compte. Cette besogne est calculée pour chaque semaine, de manière à ce qu'elle puisse être faite en quatre ou cinq jours. Néanmoins, malgré les adoucissemens apportés à la condition des esclaves, la corruption et la misère, où cette population est ordinairement plongée, font que les décès surpassent de beaucoup les naissances dans plusieurs parties de l'empire, et qu'il n'y a jusqu'à présent que la traite qui ait pu rétablir l'équilibre (1).

Dans les colonies du Danemark, nation à qui appartient la gloire d'avoir la première aboli la traite, et notamment dans

---

(1) M. DE HUMBOLDT. T. v, p. 142. — *Alphonse* DE BEAUCHAMPS. *Histoire du Brésil*. T. III, p. 504. — MAW. *Voyages dans l'Intérieur du Brésil*. T. II. — BALBI. *Essai sur le Nouveau-Monde; Revue Encyclopédique*, 1828 T. II, p. 567.

l'île de Sainte-Croix, les Noirs sont généralement traités avec humanité. La population est là en progrès, et ce fait comprend tous les autres (1).

Long-tems les Hollandais purent être considérés, à l'égard de leurs esclaves, comme les plus impitoyables des maîtres ; vers la fin du dernier siècle, ils n'avaient encore rien fait pour eux. Nul réglement ne limitait le travail, non plus que les châtimens ; le meurtre seul était puni d'une amende ; les esclaves étaient presque nus et à peine nourris (2).

De nos jours, le changement qui s'est effectué partout dans les mœurs a amené d'heureuses améliorations dans le sort des esclaves de ces colonies. Éclairés par ces terribles insurrections qui ont jeté dans les forêts 50,000 esclaves, les colons hollandais ont adopté d'autres principes. Un observateur impartial, déjà cité (3), nous apprend que leurs esclaves sont maintenant traités avec humanité.

Terminons par ces anciennes colonies anglaises qui forment actuellement un État sur lequel reposent les plus hautes espérances de la civilisation américaine. Les lois concernant l'esclavage y étaient, avant leur glorieuse révolution, à peu près les mêmes que celles qui régissaient les autres possessions britanniques. Mais les mœurs avaient, plus promptement que dans les îles, heureusement modifié la condition générale des esclaves. Depuis l'affranchissement, l'esclavage a été entièrement aboli dans plusieurs États, et considérablement amélioré dans ceux où il subsiste encore.

Dans les États du nord, tels que Maryland, Delaware, etc., où les esclaves sont peu nombreux, ils sont généralement mieux traités que dans le midi de l'Union. On procède contre eux en justice d'après la même loi que contre les Blancs, et l'institution du jury est admise dans les procédures où ils sont impliqués. Dans Delaware, le maître est puni d'amende pour

---

(1) MORENAS, p. 115.
(2) STEDMAN. *Voyage à Surinam*, 1792. — MALOUET, etc.
(3) MALENFANT, p. 174.

violence, et de mort pour le meurtre envers la personne de son esclave. La législature de Maryland a statué qu'on ne pourrait faire cultiver par chaque esclave plus de 600 plants de tabac.

Les lois de la Caroline du sud relativement à l'esclavage dataient de 1740; elles étaient fort cruelles, et subsistaient encore, dans les dernières années du siècle, époque où le vertueux Larochefoucaud-Liancourt visitait cet État. Depuis, diverses mesures ont été prises par le gouvernement en faveur des esclaves. Un témoignage authentique prouve combien de telles mesures étaient urgentes. En 1816, le grand jury de Charlestown signala les homicides sur la personne des Noirs, comme devenus *fort communs* dans la ville depuis quelque tems. « Les maîtres et les maîtresses, disent les membres de ce jury, *exerçant sur leurs esclaves un pouvoir illimité*, et se livrant aux excès de leurs passions cruelles; ils les accablent de traitemens barbares, *les traitent plus mal que des bêtes de somme*, et rendent la ville et l'État l'opprobre du monde civilisé. »

Une loi a d'abord augmenté l'amende portée contre le meurtre d'un esclave, et y a ajouté l'emprisonnement ; une autre, plus récente, a enfin reconnu que le maître qui tue son esclave peut être poursuivi comme meurtrier.

En Géorgie et en Virginie, la loi ancienne, un peu moins rigoureuse que dans la Caroline du sud, a pareillement subi de nombreuses modifications. Maintenant, quiconque tue ou estropie un esclave est puni, comme s'il eût agi envers un Blanc (1).

Dans ceux des États nouveaux où l'esclavage existe, il est en général établi sur des bases conformes à l'humanité. Les deux constitutions du Kentucky et du Mississipi statuent que l'assemblée générale portera toutes les lois nécessaires pour obli-

_____

(1) WARDEN. *Description des États-Unis.* Paris, 1820. — LAROCHEFOU-
CAUD-LIANCOURT. *Voyages aux États-Unis*, 1795-1797. — De *Chastellux*,
id., 1781-1783, etc.

ger les propriétaires d'esclaves à les traiter avec humanité, à pourvoir à leurs besoins et à leurs vêtemens, à s'abstenir de tous châtimens barbares, etc.

« Dans les poursuites contre des esclaves pour trahison, l'enquête par un jury ne sera pas exigée; mais la marche de ces poursuites sera réglée par une loi, sans que cependant l'assemblée-générale puisse priver les esclaves du droit d'être jugés impartialement par un petit jury (2). »

Diverses mesures ont été prises subséquemment, en vertu de ces dispositions constitutionnelles, pour assurer une protection efficace aux esclaves.

Un grand avantage, commun à la presque totalité des esclaves des États-Unis, c'est que la loi civile actuelle les reconnaît immeubles, et qu'ils sont, en cette qualité, attachés à la terre, et transmissibles seulement comme toute autre propriété immobiliaire (1).

Nous avons exposé avec une entière impartialité la condition des esclaves, telle que l'ont faite la loi et l'usage des colonies. Résumant les points principaux dont il a été question dans cette première partie, nous obtenons les résultats suivans :

1°. Quant à ce qui concerne la nourriture, le logement, les vêtemens et les soins donnés aux malades, aux enfans, etc., les esclaves sont, à peu près partout, sous ces divers rapports, plus humainement traités qu'autrefois, mais à des degrés bien différens, suivant la diversité des circonstances qui peuvent modifier la situation des maîtres.

2°. L'usage de taxer le travail, de manière à ce qu'il reste à l'esclave un nombre divers de jours dans la semaine où il lui est loisible de travailler pour son compte, n'est établi que dans un petit nombre de colonies ou de possessions.

---

(1) *Constitutions et Lois fondamentales des Peuples de l'Europe et de l'Amérique,* par MM. Dufau, Duvergier et Guadet. T. vi, p. 51 et 134.
(2) Warden. T. iii, p. 488.

3°. La durée du travail de jour et de nuit, les heures de repos que nécessitent le sexe, l'âge, les forces ou les situations
diverses des individus sont à peu près partout, de fait, sinon
de droit, laissées à la volonté du maître ; il n'y a d'exception
à cette règle qu'en faveur des femmes enceintes.

4°. L'instruction réelle dans les principes de la foi chrétienne, comme base de la société moderne, est négligée et
presque nulle dans beaucoup d'établissemens, où la plupart
des esclaves sont encore livrés à l'idolâtrie ou à la superstition.

5°. L'institution du mariage est peu encouragée dans quelques colonies ; elle n'est en usage ordinaire que dans les colonies espagnoles.

6°. La vente des individus d'une même famille n'est prohibée, sous quelques restrictions, que dans certaines colonies.

7°. L'emploi du fouet comme châtiment domestique et
légal est consacré partout ; mais l'usage a rendu cet emploi
plus rare. Presque partout, le nombre des coups est limité ;
le fouet ne peut plus être signe d'autorité, ou stimulant du
travail, et il est prohibé à l'égard des femmes, dans quelques
colonies anglaises seulement.

8°. L'usage des registres de châtimens dans les habitations n'existe que dans un petit nombre de colonies anglaises.

9°. L'institution d'un magistrat ayant titre de *protecteur des*
esclaves, est bornée à quelques colonies anglaises et espagnoles.

10°. Le droit de propriété et de libre disposition de tout ce
qui peut entrer dans le pécule, sous l'autorité du maître, et
d'une façon plus ou moins restreinte, est universellement
consacré.

11°. Le droit d'intenter personnellement toute action civile contre un Blanc n'est reconnu que dans quelques colonies.

12°. La faculté de changer de maître, sur motifs valables, et d'après décision des magistrats, est reconnue seulement dans les colonies espagnoles et au Brésil.

13°. Le droit de défense personnelle contre les Blancs
n'est explicitement reconnu nulle part ; l'esclave est sévèrement puni dans quelques colonies pour l'avoir exercé.

14°. Le meurtre ou la mutilation contre la personne d'un esclave ne sont encore punis que d'une amende ou du bannissement dans quelques colonies.

15°. Les esclaves accusés sont presque partout jugés d'après des formes et par des tribunaux exceptionnels. Il y a partout pour eux des lois pénales particulières d'une extrême rigueur.

16°. Enfin, leur témoignage est repoussé en justice contre leurs maîtres, dans la presque totalité des établissemens coloniaux, et dans quelques-uns contre les Blancs en général.

Voilà ce qu'est l'esclavage colonial.

SECONDE PARTIE.

Il résulte de la condition actuelle de l'esclavage colonial qu'il faut l'abolir; cette abolition peut se concilier avec l'existence des colonies.

Après avoir, dans la première partie, constaté ce qu'est, en *point de droit et de fait,* la condition actuelle des esclaves dans les colonies européennes, nous ferons ressortir dans celle-ci les conséquences naturelles et nécessaires d'un tel état de choses, et nous considérerons successivement les résultats moraux et matériels de l'esclavage : 1° en ce qui concerne les esclaves ; 2° en ce qui concerne les maîtres ; 3° en ce qui concerne les colonies ; 4° en ce qui concerne les métropoles. Nous prouverons que, sous tous ces divers rapports, l'esclavage n'est pas moins condamné par le bon sens et la morale : nous démontrerons ensuite qu'il n'est pas, comme on le croit généralement, la condition nécessaire de l'existence des colonies.

I. *En ce qui concerne les esclaves.* Les colons ont souvent combattu les adversaires de l'esclavage, en opposant la condition des noirs dans les colonies à celle des paysans dans quelques contrées de l'Europe ; et comme, tout balancé, ils n'ont pas hésité à déclarer les premiers beaucoup plus heu-

reux que les second, il en est résulté que nous aurions tort
d'aller si loin chercher des misères à adoucir et à réparer,
quand nous en avions auprès de nous de plus pressantes encore. Peu de mots suffiront pour prouver combien de telles
assertions sont inexactes et peu sincères.

Il est bien vrai que l'état des classes laborieuses, dans plusieurs parties de notre Vieux-Monde, laisse encore beaucoup à
désirer. A peine échappés aux agitations sanglantes, aux
guerres acharnées, aux pesantes servitudes du moyen âge,
les habitans des campagnes sont encore, en plusieurs pays, il
faut l'avouer, dans la situation la plus pénible. Ce n'est qu'au
moyen d'un travail rude et excessif qu'ils parviennent à subvenir à la plus chétive existence. Le fisc saisit avidement la
plus forte portion de leurs salaires, et les contraint à suppor-
ter des privations de toute espèce. Au sein des prodiges du
luxe et des arts, leur sort fait pitié; et néanmoins, combien un
tel sort est encore préférable à l'esclavage!

Sans doute, si l'homme n'avait pas d'autre destination ici-
bas que celle de vivre, l'esclave d'un bon maître pourrait
être considéré par exception (car la nature même de l'esclavage veut *qu'un bon maître soit une exception*) comme plus
heureux que le paysan libre d'un pays où la société est encore
mal organisée. Il le serait, en effet, comme être vivant; mais
ce n'est point là la vie humaine. Tout démontre que l'homme
existe bien réellement pour développer, sans entraves, ses fa-
cultés intellectuelles, pour devenir membre libre de la société, à laquelle il doit un tribut à la vérité, mais un tribut
dont il peut choisir à son gré l'espèce, selon les dispositions
de sa nature individuelle. Telle est évidemment la loi de l'humanité; et voilà pourquoi, d'un pôle à l'autre, un secret in-
stinct a révélé aux hommes cette vérité dont l'expression est
devenue vulgaire, que *la liberté est le plus grand des biens*.

La condition du paysan est quelquefois misérable, sans
doute; mais que de circonstances peuvent y apporter quelque adoucissement! Il travaille beaucoup, mais il est maître de
limiter son travail; son salaire est faible, mais ce salaire est

une dette qu'il peut exiger, non une concession qu'on peut lui faire et lui retirer. La fortune l'a mal partagé ; mais la justice lui tend la main, et elle le traite à l'égal des riches et des puissans. Comme père, comme époux, comme possesseur de sa chose, il ne connaît que Dieu et la loi commune à tous ; et, si les charges qu'il paie à l'État lui sont pesantes, du moins peut-il se dire sujet ou citoyen de cet État. C'est peu ; son sort lui paraît-il intolérable ? mille voies lui sont ouvertes pour en changer. Le monde est devant lui ; si les montagnes lui déplaisent, il descend dans les plaines, il franchit les barrières des cités ; là l'industrie l'appelle dans ses ateliers ; l'église le reçoit dans ses milices, l'armée dans ses rangs. Il arrive à tout dans ces carrières diverses. Il est apte à posséder toutes les richesses, tous les titres, toutes les grandeurs !

A quel immense intervalle se trouve l'esclave d'une pareille situation ! En payant son prix, comme denrée, le maître n'a pas seulement acheté sa personne ; il a acheté ses volontés, ses désirs, ses pensées, son être moral tout entier, en un mot. Il ne s'appartient plus, il n'est plus à lui, il n'est plus lui. Il travaille autant que son maître le veut, et ne se repose que quand il lui plaît. Il cultive comme le bœuf laboure. Le hasard l'a attaché à un champ de cannes, à une rizière, à une plantation d'indigo ; il doit y mourir, et jamais le mode de son travail ne pourra changer, à moins que le maître ne le juge convenable à ses intérêts. Quand son ardeur s'éteint, le fouet la ranime ; pour salaire, il a la subsistance et l'abri, réglés à la volonté de son maître. Il ne peut boire, manger, dormir, être vêtu que comme l'entend ce maître. Le voilà dans le sein de l'habitation ; au dehors, il est sans cesse poursuivi par la double ignominie attachée à son état d'esclave et à la couleur de sa peau. On l'injurie, on le frappe à plaisir, pourvu qu'on soit blanc. Il n'y a de réprimés que les torts qu'il peut faire aux autres. L'ordre de chose est toujours, en ce qui le concerne, absurde, incohérent et contradictoire ; il est hors du droit commun, et toutes les obligations sociales l'enchaînent ; on le reconnaît homme, et on

lui refuse le droit de se défendre contre un homme ; il possède
et il est possédé ; son pécule lui appartient, et ses enfans ne
lui appartiennent pas ; on nie sa moralité, sa conscience, et il
y a pour lui des devoirs et des délits ; on le dégrade de la di-
gnité d'être raisonnable, on l'assimile aux êtres privés de
discernement, et on le punit avec plus de rigueur que ceux
en qui l'on suppose la connaissance du juste et de l'injuste.
Placé sous de telles conditions, on peut dire qu'il n'est, ni
dans la société, ni dans l'État, ni dans la cité ; qu'il n'est pas
même dans la famille, dont il peut toujours être séparé et
banni à la volonté du maître!... C'est là celui qu'on prétend
comparer aux paysans d'Europe ! Il est maintenant facile d'apprécier la valeur d'un semblable parallèle.

Développons mieux encore les vices de cette institution, si
monstrueuse et si funeste, lors même que la raison et l'humanité ont tâché d'en atténuer les résultats.

L'expérience a prouvé que rien ne peut être aussi nuisible
au bon ordre de la société que l'existence d'une loi double, en
quelque sorte, et qui se partage une population vivant sur le
même sol. Les vices d'un semblable état de choses sont manifestes ; il y a privilége légal en faveur des uns, et oppression légale à l'égard des autres. Dès lors la communauté est
en état permanent de guerre ; elle se compose de deux fractions essentiellement ennemies, dont l'une tend sans cesse à
affermir le joug qu'elle fait porter, et l'autre à briser le joug
qu'elle porte. Le lien social n'est plus dans cet intérêt commun qui fait marcher toutes les classes vers le même but ; il
est dans la force matérielle qu'une circonstance quelconque
peut déplacer. La loi, n'étant plus en harmonie avec l'équité,
a perdu sa sanction, et se présente sous l'aspect d'une volonté
capricieuse, que chacun croit avoir le droit de mettre à l'é-
cart, quand il peut le faire avec impunité. On n'appelle organisation un pareil système que par un abus étrange des
mots. C'est, à le bien prendre, une véritable désorganisation
consacrée en droit, c'est-à-dire, tout ce qu'il peut y avoir de
plus insensé. L'histoire est là pour nous apprendre les maux

qui en découlent, et toutes les nations civilisées sont tellement convaincues qu'une loi égale pour tous est le premier des besoins, que leurs efforts tendent particulièrement à introduire ce principe dans leurs constitutions politiques.

Or, il est de la nature même de l'esclavage que, partout où il existe, il y ait une loi spéciale qui ne concerne que les esclaves, une autre loi spéciale qui ne soumette que les hommes libres; tel est aussi, nous l'avons vu, le système régnant dans les colonies. Bien plus, là, comme nous le montrerons ailleurs, on peut reconnaître dans la législation une troisième loi qui régit ceux qui, bien que libres, n'ont pas l'honneur d'être de pur sang européen...: ne parlons ici que de la loi spéciale qui concerne les esclaves, et examinons les caractères du système qu'elle consacre.

Nous disons que ce système est essentiellement contraire à l'équité, véritable base et principe conservateur de la société civile. En effet, il établit, comme règle fondamentale, qu'un homme, moyennant la nourriture et l'entretien le plus chétifs, peut exiger d'un autre homme le travail forcé de sa vie entière, et il est bien évident que ces obligations respectives seraient encore hors de toute proportion, quand même il ne faudrait pas ajouter à la part de l'esclave le sacrifice de toute liberté physique et morale, l'abandon de ses droits comme époux et comme père, la soumission aux châtimens corporels, etc. S'il est vrai, comme le croit Malouet (1), qu'il s'établit une espèce de pacte entre l'acheteur et l'acheté, n'est-ce pas là manifestement le plus injuste et le plus vicieux qui puisse avoir lieu entre des contractans; et quand le législateur vient pour en affaiblir les résultats; quand, par exemple, il impose au maître l'obligation de laisser à son esclave le produit du travail de quelques jours ou de quelques heures, quand il lui défend de vendre les enfans de cet esclave au-dessous d'un certain âge, etc., ne fait-il pas ainsi l'aveu de l'iniquité radicale de la convention?

_____

(1) Mémoire, etc., pag. 19.

De ce que ce système n'a pas l'équité pour base, il suit qu'il est nécessairement fondé sur la violence. En effet, nulle part on n'a besoin d'user de contrainte pour faire des agriculteurs ; mais il faut un fouet et des chaînes, partout où l'on veut avoir des esclaves. Que l'esclavage soit, de tout point, fait et maintenu par la violence ; que la législation ait pour objet principal de la légaliser, et que cette violence légalisée soit sa véritable garantie, c'est ce qu'on ne saurait contester, si l'on se reporte au tableau que nous avons offert, à tous ces traitemens auxquels on ne peut, sans une sorte de honte, voir des hommes être soumis, à cet ensemble de dispositions cruelles, reconnu indispensable pour maintenir *une juste subordination et un salutaire effroi* parmi les esclaves. Nous avons exposé, sans commentaire, cette portion des lois coloniales ; nous ne l'examinerons point ici en détail. Assurément, il est bien difficile que les personnes, même les moins familiarisées avec les questions de pénalité, n'y aient pas vu la violation constante de tous les principes d'après lesquels la raison et l'humanité veulent que la matière soit réglée. Rappelons simplement les peines portées contre les *coups ou menaces adressés aux blancs*, la *mutilation des animaux*, la *désertion*, délit que Montesquieu a déclaré ne pouvoir comprendre, quand il est imputé à un esclave, etc. (1).

Œuvre d'injustice et de violence, comment ce système légal pourrait-il être réellement efficace, en ce qu'il renferme de garanties pour la personne des esclaves ? Comment deviendrait-il véritablement protecteur à l'égard de ceux envers qui il est si barbare ! cette assertion que la loi coloniale est presque toujours sans efficacité, quand elle est en faveur des esclaves, avait déjà été énoncée, et l'on peut être frappé de sa justesse en voyant que, presque partout et notamment dans nos colonies, il a fallu sans cesse reproduire tout ce que les actes avaient présenté de favorable aux noirs depuis l'origine même des établissemens, et toujours avec la même inutilité, au dire

---

(1) Montesquieu, *Esprit des Lois.* Liv. xv, ch. ii.

de plusieurs écrivains recommandables et bien instruits. Le fait a paru tellement constant qu'on a quelquefois prétendu que ce n'était pas en réalité chose praticable que de vouloir intervenir entre le maître et l'esclave, qu'on ne pouvait arriver de la sorte qu'à un résultat nuisible à l'un ou à l'autre, et souvent même à tous les deux; quoi qu'il en soit de cette opinion tour à tour invoquée par les adversaires et par les partisans de l'esclavage, il est facile de comprendre que c'est précisément parce que le système est vicieux, dans toutes ses parties, qu'on craint davantage d'y toucher. On a peur que la moindre atteinte ne fasse chanceler et tomber en ruine un édifice assis sur de telles bases, voilà pourquoi, quand quelques améliorations sont accordées aux esclaves, une secrète inquiétude qu'elles ne soient bientôt tournées contre les maîtres porte à statuer de telle sorte qu'en définitive ceux-ci sont toujours à peu près libres d'agir comme il leur plaît. Il ne manque rien à la loi que ce qui fait qu'elle est exécutée, et elle ne l'est point.

Un système présentant les caractères que nous venons de déterminer doit nécessairement opérer l'entière dégradation morale de l'individu qui s'y trouve soumis. C'est assurément un fait qui ne peut être contesté que l'état d'abrutissement, analogue en quelques points à celui des peuplades non civilisées, dans lequel la race noire a été généralement maintenue dans les colonies. Ce fait n'est pas contesté par les colons eux-mêmes. Seulement ils refusent d'attribuer le résultat à sa véritable cause; ils prétendent que les noirs sont dégradés comme noirs, tandis que l'évidence nous montre qu'ils ne le sont que comme esclaves, et que l'esclavage est la source unique des imperfections morales qu'on affirme être natives en eux.

Ici se présente la question de *l'infériorité de la race noire* comparée à la race blanche, question long-tems débattue avec gravité, et qui ne nous arrêtera qu'à peine, parce que le tems l'a rendue presque ridicule. On fonde cette infériorité du noir sur les différences organiques qu'il présente, sur la couleur

de sa peau, ses cheveux laineux, ses lèvres épaisses, etc.
Mais, de ces caractères constitutifs d'une organisation physique autre que celle des blancs, comment peut-on induire
l'inégalité nécessaire du développement moral et intellectuel ?
Quant aux nuances de la peau, nous voyons qu'elles sont va-
riées à l'infini sur le globe, du noir au blanc, du rouge au
jaune. Selon l'explication la plus probable, le phénomène de
couleur s'effectue entre l'épiderme et les tissus. Or, quel rapport peut-il y avoir entre l'intelligence humaine, cette noble
émanation de la divinité, et une peau faite de manière à ré-
fléchir ou à absorber tous les rayons lumineux ? Nous pourrions en dire autant de la nature des cheveux; et quant à la
formation de la tête, caractère plus essentiel à la vérité, nous
ferons remarquer d'abord qu'elle est bien loin d'être identique chez toutes les tribus noires; que, dans la même peuplade,
elle varie souvent, suivant les individus, de même que parmi
les blancs, et qu'après tout, de l'aveu des auteurs, il ne faut
pas attacher une trop grande importance à l'ingénieuse théorie
de l'angle facial de Camper et de Cuvier (1).

Les lumières physiologiques s'unissent aux croyances reli-
gieuses pour reconnaître l'unité du type primitif de l'espèce
humaine. Si, par suite des bouleversemens que le monde a
subis, les diverses fractions de l'humanité, placées sous des
conditions climatériques et hygiéniques différentes, ont éprouvé
certaines modifications dans leur organisation physique, d'où
vient qu'on en conclurait que quelques-unes sont essentiellement inférieures aux autres, surtout quand on ne voit pas que
l'espèce ait été altérée par ces modifications. Or, c'est bien le
cas pour les noirs, en qui l'on reconnaît généralement une
vigueur, un perfectionnement singulier des sens, et, comparativement aux blancs, une grande supériorité de forces physi-

---

(1) On peut consulter, pour les développemens relatifs à l'aptitude
des noirs, à leurs travaux intellectuels, etc., l'ouvrage curieux et instruc-
tif de M. Grégoire, intitulé : De la Littérature des nègres. Paris, 1810.
2 vol. in-8°.

ques, supériorité qui a causé tous leurs maux, en les faisant préférer pour les cultures coloniales.

Rien donc peut-il être plus absurde que de prétendre que les noirs sont, comme noirs, et de toute nécessité, dégradés et vicieux ; qu'ils sont, de leur nature propre, menteurs, pillards, impudiques, crédules et superstitieux, empoisonneurs, adonnés à la magie, incapables d'instruction et de comprendre les devoirs sociaux, etc., et qu'il faut toujours avoir la main haute avec eux, si l'on veut réprimer des penchans sur lesquels leur raison, toujours dans l'enfance, ne peut rien ?

Et pourtant, combien de fois de semblables allégations ont-elles été renouvelées avec une étrange assurance ? Tout récemment encore, n'a-t-on pas vu, à la Jamaïque et dans les autres îles, lorsqu'il s'est agi d'accorder aux esclaves la faculté de porter témoignage devant les cours de justice, de longues discussions, de minutieuses enquêtes s'établir pour décider si les noirs sont susceptibles d'arriver *à la notion de la valeur du serment* ? Quel pitoyable aveuglement ! une faculté accordée en Europe à l'individu placé le plus bas dans l'échelle sociale, au paysan le plus stupide, on la refuse, dans les Antilles, à un homme que son génie naturel porterait peut-être, s'il pouvait passer un bras de mer, à la tête d'une armée ou dans les rangs d'un sénat !

Parmi les colons eux-mêmes, cependant, quelques-uns qui ont bien observé et bien connu les noirs se sont attachés à justifier leur caractère moral et à faire juger de ce qu'ils seraient, une fois libres, par ce qu'ils étaient dans l'esclavage, quand leur condition se trouvait accidentellement adoucie. «Les noirs cultivateurs, dit le colonel Malenfant (1), sont généralement doux, humains, généreux, hospitaliers, bons pères, bons maris, bons fils, respectueux envers les vieillards, soumis à leurs maîtres, à leurs pères, *laborieux, quoiqu'on en puisse dire*». Nous pourrions invoquer une foule d'autres témoignages semblables. Mais, de quelle valeur seraient-ils de-

_____

(1) Pag. 195.

vant le fait décisif d'Haïti. Là peut s'observer une population noire dont la civilisation est rapidement progressive ; là, des écoles tenues par des noirs répandent l'instruction religieuse et les connaissances utiles (1) ; là, il y a des lois faites par des législateurs noirs, que des magistrats noirs sont chargés de faire exécuter ; toutes les occupations civiles, toutes les fonctions politiques peuvent être et sont remplies par des noirs. Après cela, osera-t-on encore répéter que les noirs ne sont pas faits pour arriver à toutes les conquêtes de la sociabilité, que c'est la nature, et non le système colonial, qui arrête leur développement moral et intellectuel, et qui condamne irrévocablement cette race à l'état de dégradation où elle est encore plongée ?

C'est peu de dégrader, ce système tue. Il opère bien visiblement l'extinction de l'espèce, et cette extinction serait déjà consommée, sans la traite qui lui a toujours offert un aliment nouveau. Comme on l'a déjà vu, le travail excessif auquel les esclaves peuvent être contraints est, dans les colonies, une première cause de mortalité parmi les noirs. Le défaut de soins, une nourriture malsaine, des châtimens insensés, les souffrances physiques et morales, le sombre désespoir qui en est quelquefois la suite sont autant de causes qui y concourent. Cette mortalité a été souvent signalée à l'attention publique, mais jamais peut-être de manière à bien présenter toute sa grandeur véritablement effrayante. Recueillons quelques renseignemens. Un écrivain (2) nous apprend que, de 1680 à 1776, c'est-à-dire, dans l'espace de 96 ans, on avait introduit plus de 800,000 noirs à Saint-Domingue. En 1777, la colonie n'en comptait que 290,000, dont 140,000 seulement étaient des noirs créoles, c'est-à-dire, nés dans la colonie. Ainsi, sur le plus beau sol du globe, 800,000 individus se trouvaient, après un siècle, malgré les naissances que la fécondité

_____

(1) Voy. les Lettres du général INGINAC au président de la Société pour l'enseignement élémentaire, journal de cette Société ; 1829.

(2) HILLIARD D'AUBERTEUIL. Tom. II, pag. 63.

hâtive des femmes rend si nombreuses dans ces climats, réduits à 140,000 !!!

A Surinam, il y avait, vers la fin du siècle dernier, 75,000 noirs. En défalquant les vieillards et les enfans, il restait 50,000 individus, nécessaires pour les travaux de culture et autres. L'importation annuelle dans cette colonie se montait à 2,500 environ, et cette importation était indispensable pour tenir au complet le nombre des 50,000 travailleurs. Il suit de là que le nombre des morts excédait, chaque année, les naissances du même nombre de 2,500; ce qui effectuait, sur la totalité, une perte de cinq pour cent, et démontrait, par conséquent, qu'une génération active et saine de 50,000 individus s'éteignait en vingt années (1) !

Si l'on en croit M. de Humboldt (2), la mortalité est, à Cuba, de sept pour cent par an.

Le décroissement est, à la Martinique, d'un treizième par an, au rapport d'un honorable orateur de la Chambre des députés (3), appuyant cette évaluation sur les renseignemens officiels fournis par le ministre en 1824.

Sur 750,212 esclaves des Indes occidentales britanniques, il s'est opéré, de 1817 à 1820, suivant M. Moreau de Jonnès, une diminution de 18,251 individus par la différence des décès et des naissances. C'est 6,000 individus par an, ou un sur 126. Une telle mortalité laisserait à peine à ces colonies un avenir de trois générations (4). A ces renseignemens, nous en ajouterons d'autres, empruntés à un tableau statistique publié, en 1827, par un recueil périodique exclusivement consacré à la noble cause de l'abolition (5). D'après ce tableau, pendant les années 1818-1824, la population esclave s'était accrue dans trois colonies seulement (*Bahama, Barbade* et *Domini-*

---

(1) STEDMAN. Tom. III, pag. 84 et 185.
(2) *Essai politique*. Tom. II, pag. 39.
(3) M. DEVAUX, du Cher. Session de 1826.
(4) *Du Commerce*, etc. Tom. IV, pag. 349.
(5) *Anti slavery monthly reporter*. N° 26, pag. 11.

que), de 3,442 individus, et elle avait éprouvé dans toutes les autres une perte qui s'élevait à 31,419, et effectuait pour six ans, le nombre précédent soustrait, une diminution de 27,997 individus.

Si, dans l'ensemble, on calcule que, depuis l'origine des établissemens, l'Afrique doit avoir envoyé par an aux régions équinoxiales de l'Amérique une quantité moyenne de 70,000 individus (1), formant peut-être de 20 à 25 millions d'hommes, pour produire une population de quelques millions de noirs disséminés dans les îles et dans les deux Amériques, on aura l'idée du fléau le plus dévastateur qui ait jamais moissonné l'humanité.

Et l'on ne peut avoir le moindre doute que ce ne soit bien l'esclavage avec ses conséquences désastreuses qui amène cet affreux résultat. Car, partout où le système est amélioré, la mortalité s'affaiblit; partout elle est exactement proportionnelle avec l'espèce et la durée du travail imposé aux esclaves. Mais un fait plus concluant, c'est que, dans les mêmes lieux, cette même population qui décroît rapidement, tant qu'elle est esclave, s'accroît au contraire d'une manière sensible, dès qu'elle est affranchie. Les États-Unis et Haïti en sont la preuve; divers rapports officiels ont constaté le fait, pour la plupart des colonies anglaises. La Trinité en a offert un frappant exemple. On transporta, en 1816, environ 744 Noirs américains, de tout sexe et de tout âge, qui avaient pris parti pour les Anglais, dans la guerre précédente. On leur concéda un terrain où ils vécurent libres; en 1824, cette petite colonie s'élevait à 923 individus; ce qui formait, pour huit années, un accroissement de 149 personnes, ou de 2 1/2 pour cent, taux précisément égal à celui de la mortalité dans la même île parmi les esclaves (2).

---

(1) M. DE HUMBOLDT l'a portée à 74,000; M. GRÉGOIRE à 80,000; d'autres à 100,000; M. BALBI évalue à 50,000 individus la seule importation annuelle du Brésil.

(2) *Anti-slavery monthly reporter*. Novembre 1827, pag. 156.

Si donc il résulte nécessairement de l'esclavage qu'il doit être régi par une loi spéciale, et si cette loi crée de toute nécessité, en ce qui concerne la personne des esclaves, un système contraire à l'équité, fondé sur la violence, inefficace dans les garanties qu'il accorde, propre à opérer la dégradation de l'individu et l'extinction de l'espèce, quelle voix osera s'élever pour prendre sa défense, pour repousser l'anathème dont une telle institution doit être à si bon droit frappée?

II. *En ce qui concerne les maîtres.* — S'il est une vérité constante, c'est que l'esclavage ne corrompt pas moins le maître que l'esclave. Cette vérité a cent fois été reproduite et développée. On a pu citer à l'appui des faits nombreux, pris dans tous les tems : celui que présentait la société coloniale était le plus frappant qu'on pût invoquer.

Il ne s'agit ici nullement de diriger des traits satiriques contre les colons; mais, il est impossible que le système adopté pour la culture des colonies n'ait pas exercé une influence quelconque sur leurs habitudes morales, et nous devons déterminer la nature de cette influence.

Or, qui ne conviendra que l'esclavage ne semble merveilleusement combiné pour encourager les penchans vicieux auxquels les institutions sociales doivent chercher à mettre un frein; que cette domination absolue et illimitée qu'exerce sur son semblable l'homme, qui sait si rarement se dominer lui-même, ne soit précisément faite pour ôter toute digue à ses passions; que la cupidité, la débauche, la colère et toutes les autres maladies de l'âme ne trouvent là un attrait et un aliment qui se reproduisent sans cesse? En thèse générale, la vertu est-elle compatible avec un tel état de choses? Comment resterait-on modéré dans ses désirs, quand on peut tout exiger des sueurs de l'homme; continent, quand on n'a même pas besoin de se donner la peine de séduire; humain, quand on a si fréquemment sous les yeux des châtimens dont la plus vile populace de l'Europe pourrait seule endurer le spectacle? Nous le demandons : n'y a-t-il pas là une cause perpétuelle et nécessaire de dépravation?

On a souvent remarqué que, dans les colonies, ce sont les enfans, les jeunes femmes qui donnent les plus fréquens exemples d'insensibilité froide et de cruauté réfléchie, à l'égard des esclaves. Cette observation n'a pas besoin de commentaire ; elle démontre assez par elle-même toute l'étendue du mal moral dont l'esclavage est l'origine.

Une raison plus forte, un intérêt mieux entendu répriment quelquefois, chez les hommes ce fatal entraînement à tout se permettre envers les esclaves ; et l'on a souvent trouvé là un argument contre toute réforme, contre toute amélioration venant du dehors. Laissez agir les maîtres, répétait-on sans cesse ; reposez-vous sur leur raison, et plus encore sur leur intérêt, qui est de faire vivre des hommes qu'ils ont bien payés, et qui forment la plus forte portion de leur capital !.. Mais le témoignage irrécusable des faits prouve combien la raison et l'intérêt sont faibles devant les passions brutales : comme nous l'avons vu, les nègres payés si cher mourraient par milliers, chaque année ; chaque année aussi, l'extension des cultures, et par conséquent l'accroissement de la mortalité élevaient considérablement le prix de ceux qu'on transportait d'Afrique. C'était là une cause de ruine imminente ; les calculs les plus simples pouvaient le démontrer, et rien ne changeait pourtant, rien n'éclairait la masse des colons ; ils n'en persévéraient pas moins, à quelques exceptions près, dans ce système de destruction ; ils n'en continuaient pas moins à imposer à leurs esclaves un travail qui les exténuait, à les faire châtier de manière à les rendre infirmes, ou à les priver de la vie ; ce qui effectuait sur-le-champ une perte de capital, portée quelquefois jusqu'à *douze mille francs*, mais dont on se consolait, en disant : *L'Afrique est une bonne mère* (1) !

Des écrivains dignes de foi nous ont fait connaître ce que sont la plupart du tems les blancs préposés à la surveillance des esclaves ; et l'on sait que c'est de leur part surtout que

(1) MALENFANT, pag. 173.

ceux-ci ont à souffrir tous les genres d'oppression. Le système paraît là dans tout ce qu'il a de plus hideux, de plus propre à montrer la funeste influence qu'exerce l'esclavage sur la race blanche. Libertinage, orgueil et cruauté, tels sont les traits habituels du caractère de ces maîtres secondaires. C'est par eux qu'ont été consacrés ces principes qui forment comme un corps de doctrine et une morale à l'usage des colonies : *que le nègre est fait par la nature pour être esclave ; qu'il faut ne lui rien passer et se montrer toujours terrible avec lui ; que le grand art consiste à faire en sorte qu'il produise le plus et coûte le moins possible ; surtout que, si l'on veut faire fortune aux îles, il faut commencer par étouffer la sensibilité philantropique de l'Europe ;* et il est malheureusement trop vrai qu'elle est souvent étouffée, et qu'après s'être montrés compatissants, la plupart des Européens finissent par adopter les idées et la conduite des colons à l'égard des esclaves ; tant est profonde sur le caractère moral l'influence qu'exerce un tel spectacle d'iniquité !

En 1822, un jeune homme du cap de Bonne-Espérance, fils d'un ecclésiastique de la colonie, fut convaincu du meurtre d'un esclave et condamné à mort. Interrogé par le pasteur qu'on avait chargé de l'assister dans ce terrible moment, sur ce qu'il pensait de l'esclavage, « *Monsieur*, s'écria le malheureux jeune homme, en montant sur l'échafaud, *l'esclavage est un affreux système, pire encore pour les maîtres que pour les esclaves* (1) ! Qu'ajouter contre l'esclavage à ce témoignage d'une de ses victimes, en présence même de la mort !

Au surplus, nous le répétons, il ne s'agit ici du caractère colonial que sous le rapport de l'esclavage. On lui a rendu justice à tous autres égards ; et, récemment encore, un écrivain déjà cité (2) a dit : « Les colons sont d'ailleurs les plus honnêtes gens du monde, bons, serviables, justes et humains, *pourvu qu'il ne soit question de noirs, ni d'hommes de couleur.*

---

(1) *Anti-slavery reporter.* 1828. N° 34, pag. 173.
(2) Morenas. Pag. 387.

Ce sont des hommes fanatisés par les préjugés de leur enfance; ce ne sont pas les personnes qui sont coupables, c'est le système qui est criminel. »

III. *En ce qui concerne les colonies.* — Qu'une population maintenue dans l'état de dégradation et de souffrance que nous avons fait connaître mette, en plusieurs contrées de l'Amérique, la société dans un péril toujours croissant; c'est ce que le raisonnement et l'expérience démontrent également. Pour apprécier toute l'étendue de ce péril, établissons aussi exactement que possible le rapport de la population blanche, soit avec les noirs, soit avec les hommes de couleur.

L'Archipel des Antilles présente une population totale de 2,843,000 habitans; savoir :

       482,600, blancs.
     1,212,900, libres de couleur.
     1,147,500, esclaves (1).

Dans les Guyannes, on compte une population totale de 215,922 individus, ainsi partagée :

      9,971, blancs.
     11,402, hommes de couleur.
   194,549, noirs esclaves.

Au Brésil, la population doit présenter à peu près les résultats suivans :

      900,000, blancs.
     600,000, hommes de couleur.
   1,900,000, esclaves.

Environ 1,600,000 Indiens, métis, dont un certain nombre sont esclaves, complètent le total de 5,000,000, auquel on croit pouvoir porter la population actuelle de cet empire.

Aux États-Unis, la population était, en 1820, de 9,500,000 habitans (quelques tribus indiennes non comprises). Cette population était ainsi partagée :

_____

(1) Humboldt. Tom. ii.

7,726,325, blancs.

235,557, hommes de couleur.

1,538,118, noirs esclaves.

Il faut remarquer que la population esclave et affranchie se trouve à peu près tout entière comprise dans dix États méridionaux, où les noirs et hommes de couleur sont au nombre de 1,496,285, et les blancs, de 1,188,796.

On peut évaluer à environ 2,500,000 les noirs et hommes de couleur libres, ou dont la liberté prochaine est assurée, qui sont dispersés dans les nouveaux États de l'Amérique, parmi 8 à 9 millions d'hommes appartenant à diverses races.

Il résulterait de ces évaluations, que la race noire compterait à peu près pour *dix millions* dans les *quarante*, dont se compose, à ce qu'on croit, la population totale de l'Amérique, c'est-à-dire qu'elle formerait le quart de cette population, et qu'il y aurait trois hommes de race européenne, ou bien indigènes, pour un individu originaire d'Afrique.

On ne verrait là aucune raison de concevoir des alarmes bien vives, si cette population était également distribuée dans l'immense étendue du Nouveau-Monde. Mais nous voyons, au contraire, qu'elle est toute concentrée sur quelques points, et de manière à y présenter les résultats suivans :

Dans les dix États de l'Union, où la population se trouve à peu près réunie, il n'y a pas tout-à-fait un blanc pour un homme originaire d'Afrique; le rapport est exactement le même au Brésil, si l'on comprend les Indiens avec les Blancs; mais il y a bien près de *trois Africains pour un blanc*, si, comme il convient de le faire, on met ces tribus à part.

Dans les Guyannes, on trouve *vingt à vingt et un noirs ou hommes de couleur*, et dans l'Archipel des Antilles, de *quatre à cinq pour un blanc européen*, ou créole. Il est inutile d'établir ce rapprochement dans les autres parties de l'Amérique, où l'on s'est mis à l'abri de tout danger sous ce rapport, par un système d'affranchissement graduel, mais effectif.

La situation devient beaucoup plus grave dans les Antilles,

par l'inégalité plus grande encore de la répartition des deux races. Ainsi, l'on voit que, si dans l'ensemble il se trouve sur 100 individus 17 blancs, 43 hommes de couleur libres, et 40 esclaves, ou bien, en réunissant ces deux dernières classes, 83 *d'origine africaine contre* 17 *de race européenne*, ce dernier nombre se trouve être élevé à 45 pour Cuba, tandis qu'il se réduit à 12 pour la Jamaïque, et à 11 pour les deux Antilles françaises. La proportion décroît encore dans d'autres colonies, où elle ne se trouve plus que de 5 ou 6 pour cent. Enfin, dans certaines îles, il y a plus de cent noirs ou hommes de couleur *pour un blanc.*

Ces rapprochemens, qu'il serait facile de multiplier, sont bien expressifs; on peut y ajouter encore quelques considérations importantes.

On avoue que l'esclavage est la plaie des États-Unis (1); au Brésil il est, pour tous les hommes qui voient de haut et de loin, la source des plus sérieuses inquiétudes. Mais, si l'on en redoute les conséquences dans ces puissans États, combien les doit-on redouter davantage dans cet Archipel, où la disproportion entre les deux races est beaucoup plus considérable, le système infiniment plus rigoureux, et où les bras de mer qui coupent les territoires de chaque nation rendent, en cas de révolte, les secours moins faciles et moins prompts.

Dès l'origine même des colonies, on avait pressenti les inconvéniens qui pourraient résulter un jour de l'importation inconsidérée des noirs dans ces établissemens pour le maintien du bon ordre et de la subordination. L'Espagne, après l'avoir simplement tolérée, voulut en réprimer l'abus (2); mais on ne tarda pas à s'écarter de cette sage réserve, et toutes les nations semblèrent, comme à l'envi, s'attacher à encombrer de noirs leurs établissemens. Le principe s'établit alors que l'augmentation de prospérité dépendait absolument de l'augmentation des esclaves. Il ne fut plus question d'améliora-

(1) WARDEN. T. 1; *Introduction,* pag. 57. — COOPER, *Lettres sur les États-Unis.*

(2) CHARLEVOIX. Tom. 1, p. 287.

tions dans le système agricole, dans la fabrication des produits ; il ne fallut que des nègres, on s'occupa simplement d'en recevoir d'Afrique, chaque année, un peu plus qu'il n'en était mort dans la précédente ; et c'était là ce qu'on appelait *peupler les colonies* (1).

Toutefois, l'expérience prouvait que, plus nombreux, ils devenaient aussi plus remuans et moins dociles, et que le sentiment de leur force numérique ne tardait pas à les porter à briser le joug sous lequel ils gémissaient. «Les esclaves, dit l'auteur des *Annales du Conseil de la Martinique* (2), ne sont plus, depuis la paix de 1763, ce qu'ils étaient, trente ou quarante ans avant. Il semble qu'ils ont tous lu le morceau qui les regarde dans *l'Histoire philosophique et politique de Raynal*». L'Europe pressentit alors le danger, et ses avis firent connaître aux colons tout ce qu'il y avait à redouter de ces dispositions nouvelles de leurs esclaves ; des insurrections partielles vinrent prêter appui aux conseils de la sagesse européenne ; mais rien ne put éclairer les colons, et ils n'en continuèrent pas moins à demander sans cesse à l'Afrique de nouveaux nègres qui ajoutaient au péril, non-seulement en accroissant cette population hostile, mais encore en rappelant aux nègres créoles les souvenirs du sol natal, en réveillant en eux l'amour de l'indépendance et la haine de l'oppression. De nos jours même, nous avons vu ces colons, nous les voyons encore, après la sanglante catastrophe de Saint-Domingue, lutter avec opiniâtreté pour maintenir une importation condamnée par le simple bon sens, quand même elle ne serait pas réprouvée par l'humanité !

Certes, il est permis de s'étonner de tant d'imprudence ; mais ce n'est rien encore ; dans la position extrême où se trouvent les planteurs des îles, ainsi épars au sein d'une population

---

(1) Quelquefois on a été jusqu'à proposer au gouvernement d'accorder une prime pour chaque *tête de noir* introduite dans les établissemens. (LABARTHE. *Voyage au Sénégal.* In-8°, 1802, pag. 100.)

(2). DESSALLE. TOM. 11, pag. 349.

nombreuse et forcément ennemie, il semble qu'il devrait
suffire encore du simple bon sens pour leur aprendre que,
plus le joug qu'ils feront porter sera rigoureux, et plus
il y aura de danger pour eux; que ce danger s'affaiblira,
à mesure que l'esclavage deviendra plus tolérable. L'expérience est encore là, d'ailleurs, pour servir d'appui au raisonnement en montrant qu'il n'y a jamais eu de révolte parmi les
noirs dans les contrées où ils ont été plus humainement traités, notamment dans l'Amérique espagnole. On croirait d'après
cela, que le régime devrait être d'autant plus modéré que la
population noire serait plus considérable. Et bien ! c'est tout
le contraire. Si l'on observe ce qui se passe dans les Antilles,
on voit presque toujours que l'esclavage y est d'autant moins
amélioré que les esclaves y sont plus nombreux. Plusieurs fois
même, les colonies ont précisément opposé aux améliorations
qu'on exigeait d'elles cette supériorité numérique qui était
une raison suffisante pour les faire accueillir. Par exemple, en
1825, le Conseil de Tabago, dans une adresse au gouverneur, sur ce qu'on alléguait que le régime de l'esclavage n'é-
tait pas dans cette île établi sur des bases aussi libérales que
dans quelques autres, disait : « Quand bien même le fait serait
exact, le gouvernement ne pourrait être surpris de ce qu'on
eût accordé *de plus fortes garanties à la Société,* dans une île,
où 250 colons libres se trouvent au milieu de 14,000 esclaves;
ce qui établit le rapport de 1 à 56 (1). Nous verrons, quand
il sera question des hommes de couleur, un nouvel et plus
frappant exemple de ce qu'on peut avec justice appeler *la déraison coloniale.* »

Voici donc l'état de choses que présentent actuellement,
sous ce rapport, les colonies européennes. Environ 500,000
blancs y sont entourés, pressés, comptés par une population
maintenue dans la plus misérable condition où des hommes
puissent être, et qu'une inégale répartition rend sur quelques
points dix, vingt, cent fois plus considérable que celle qui l'op-

---

(1) *Royal Gazette of Jamaica,* 1825.

prime. Si on la laisse languir et s'éteindre, comme par le passé, les colonies se perdent; si on la laisse s'accroître, elles sont menacées d'une inévitable subversion; les évènemens en ont déjà affranchi une moitié : à Surinam, à la Jamaïque, des révoltes ont établi l'indépendance de ces tribus redoutables de marrons avec lesquelles il a fallu quelquefois transiger (1). Une révolution terrible a rendu, dans la plus grande, dans la plus riche des Antilles, 600,000 esclaves maîtres et souverains. D'autres passent graduellement au rang de citoyens dans les nouvelles républiques du continent!... de tous côtés, les esclaves de nos îles peuvent du rivage saluer des compatriotes affranchis!... dans cette situation, les colons ne semblent s'inquiéter que de ce qui s'écrit à Londres et à Paris sur l'esclavage, et ils voient tout le mal dans les pages où on leur démontre l'impérieuse nécessité de modifier et d'abolir un système qui menace la société coloniale d'une inévitable catastrophe !

IV. *En ce qui concerne les Métropoles.* — Les colonies, surtout celles de l'Amérique, ont rencontré, de nos jours, un grand nombre d'adversaires; et en effet, au premier aperçu, quelques îles jetées dans un autre hémisphère, avec des rades d'un accès facile et sans travaux d'art pour les défendre, paraissent des possessions dont l'avantage réel est tout au moins douteux. Elles peuvent être si facilement enlevées, en cas de guerre, qu'on hésite à faire pour leur prospérité des sacrifices un peu considérables en tems de paix; et cependant, si l'on ne fait ces sacrifices, elles dépérissent et deviennent une charge. La nécessité de protéger quelques européens, qui s'y trouvent placés au milieu d'une population devenue infiniment

(1) A la Jamaïque, les marrons ont quelquefois mis en péril la colonie; reconnus indépendans par des traités, ils vivent dans des forêts inaccessibles. Il leur est alloué une certaine somme pour chaque esclave déserteur qu'ils ramènent à son maître. Cette étrange transaction rappelle assez celle que les Romains faisaient avec les tribus barbares auxquelles ils confiaient la garde de leur frontière, quand ils avaient renoncé à l'espoir de les dompter..... On sait quel en fut le résultat!

redoutable par l'oppression qu'on fait peser sur elle, rend leur entretien très-coûteux : par une conséquence toute naturelle d'un tel état de choses, il faut quelquefois y maintenir un ordre politique tout-à-fait contraire aux vrais principes de gouvernement, et qui devient alors, en Europe, un sujet perpétuel d'accusations ; il faut sans cesse y renouveler les administrations qui s'y croient ordinairement en pays de conquête, et les soldats, que les maladies y moissonnent avec une effrayante rapidité ; et tous ces renouvellemens se résolvent toujours en pertes d'hommes et de millions pour la mère-patrie.

Ainsi, nous voyons, par exemple, qu'en 1820, nos deux Antilles coûtaient, pour leurs dépenses intérieures, 11,860,000 fr., et qu'elles rapportaient 5,790,000 fr. ; les choses n'ont pas beaucoup changé depuis. Il en résulte que la France paie un peu plus de six millions l'honneur de posséder ces deux îles. Mais c'est beaucoup plus, si l'on considère l'excédant de prix que nous sommes obligés de payer pour les denrées qu'elles produisent, et que nous pourrions prendre ailleurs à plus bas prix. Elles nous vendent 50 fr. les cent livres de sucre que la Havanne nous livrerait à 35 fr., et l'Inde anglaise à meilleur marché encore. M. Say fait monter de 70 à 80 millions par an la somme que nous coûtent nos colonies sous les deux points de vue que nous venons d'indiquer (1). En Angleterre, on s'est récrié cent fois contre les priviléges particuliers qu'il a fallu accorder aux denrées des colonies de l'Amérique, au détriment de celles des autres parties de l'empire britannique (2). Et quoi de plus extraordinaire, en effet, que de voir, au sein même d'une nation, les mêmes produits inégalement taxés ? Quoi de plus contraire à l'équité, soit envers les producteurs, soit envers les consommateurs ? On répond que, sans cette

---

(1) *Cours complet d'Économie politique,* etc. Tom. 11, 1828.

(2) On a avancé que la dette publique de l'Angleterre a dû être augmentée, dans les trente dernières années, de 150 millions par la possession des colonies à sucre ; et que le pays gagnerait, à l'abandon de ces colonies, 2 millions qu'elles gagnent elles-mêmes par le haut prix auquel on leur paie cette denrée.

inégalité de taxes, les colonies à esclaves ne pourraient soutenir la concurrence. Mais, alors pourquoi avoir des colonies à esclaves ?

On sent que nous ne pouvons qu'indiquer ici les hautes questions qui naissent en foule d'un examen approfondi. On a écrit des volumes pour et contre les colonies. Les évènemens politiques en ont déjà séparé plusieurs de leurs métropoles. S'il est dans l'avenir de l'Amérique que toutes les autres soient successivement affranchies, l'Europe aura bien certainement de justes motifs pour s'en consoler. En attendant, il serait peut-être peu raisonnable de vouloir qu'on les abandonnât ; mais il y a toute raison à demander que leur régime soit amélioré, de manière à ce qu'elles ne deviennent pas un fardeau de jour en jour plus incommode. Or, c'est de l'esclavage que naissent, en très-grande partie, les inconvéniens de leur possession ; et c'est aussi le point sur lequel, dans cette grande controverse, doit se porter exclusivement notre attention.

En thèse générale, les colonies peuvent être surtout utiles à la métropole, en offrant des débouchés à ses produits, et en lui envoyant en retour des denrées qui sont presqu'au rang de ses premiers besoins.

Pour ce qui regarde particulièrement la France, on peut calculer que le montant de l'importation totale dans toutes ses colonies s'élève à environ 84 millions. Sur ce total, il y a à déduire tout ce qui est importé de l'étranger, par suite de l'interlope qu'on n'a jamais pû empêcher, malgré toutes les précautions possibles, parce qu'il résulte à la fois de l'éloignement de la mère-patrie qui seule a intérêt à l'empêcher et des rapports faciles qui peuvent toujours être établis entre les différentes îles d'un même archipel. Il se montait, suivant M. Moreau de Jonnès (1), à 17,000,000 fr., il y a quelques années, pour nos deux Antilles seulement. Cette importation étrangère est soldée en denrées coloniales, et toute cette valeur perdue pour nos produits. C'est ainsi que se trouve tarie cette source

_____

(1) Pag. 224.

de débouchés tant vantée. Les effets de cet interlope sont si funestes, ajoute l'auteur (p. 359), qu'autant vaudrait presque avoir perdu les établissemens.

Le reste du montant de l'importation est fourni par la métropole à la consommation coloniale. Mais qui ne voit, de prime abord, combien cette importation serait plus considérable, si l'esclavage était détruit? En effet, la population totale de nos colonies peut s'élever à 370,000 habitans, dont 309,000 esclaves. Ces derniers qui forment au-delà des quatre cinquièmes de la totalité, n'entrent, dans la consommation des objets importés, que pour une faible somme en morue, en viande salée et en tissus sans valeur. Par conséquent, les 38,000 blancs et les 23,000 affranchis, en tout 61,000 individus, peuvent être considérés comme les consommateurs à peu près exclusifs des produits de la métropole. Supposons maintenant les 309,000 esclaves transformés en ouvriers libres ; certainement, pouvant dès lors, comme en Europe, et bien mieux qu'en Europe, trouver dans le prix de leur travail une nourriture plus saine et plus abondante, des vêtemens plus appropriés à leur goûts et aussi aux variations de la température, enfin toutes ces commodités diverses qui appartiennent à la vie sociale, ils seraient promptement amenés à consommer autant à eux seuls que l'autre cinquième de la population. L'importation serait donc doublée, ainsi que le tonnage qu'elle suppose, et elle serait toujours croissante, puisque la population placée dans une pareille situation, au lieu de perdre chaque année, comme il arrive, à moins qu'on ne la renouvelle par la traite, s'accroîtrait rapidement.

C'est donc un intérêt pressant pour notre industrie que les esclaves soient, s'il est possible, transformés en ouvriers libres. Il y a donc là un moyen bien réel de lui ouvrir des débouchés qu'elle réclame, et dont le besoin se fait de jour en jour plus vivement sentir.

On peut appliquer ce calcul à toutes les colonies à esclaves indistinctement. Ajoutons qu'il n'a pas peu contribué à for-

mer en Angleterre l'opinion qui se manifeste avec tant de
force en faveur de l'affranchissement des noirs.

Il est facile de concevoir aussi que ce surcroît d'importation suppose nécessairement un accroissement proportionel
dans la création des valeurs d'échange ou d'exportation; et
cet accroissement ne pourrait manquer d'avoir lieu : en effet,
on a calculé que, pour produire tout ce qui est nécessaire à la
consommation intérieure, au commerce d'exportation, à l'ali-
mentation des cultivateurs, il faut à la France 76 lieues carrées de terres coloniales, et 142 à peu près, si l'on veut que
tout le coton nécessaire à nos fabriques soit fourni par nos colonies. Or, l'étendue de ces colonies (y compris Bourbon) est
de 430 lieues carrées, dont un tiers seul suffit, par conséquent, pour le but proposé. Ce tiers correspond, à la vérité,
à l'étendue actuelle des propriétés existantes qu'on évalue à
environ 146 lieues carrées. Si donc cette portion de sol est
bien loin de satisfaire à l'exportation demandée par la métropole, il faut de toute nécessité en accuser le système établi pour la production, c'est-à-dire, l'esclavage.

Si les terres ne manquent pas, les hommes ne manquent
pas non plus, comme il est prouvé par les calculs suivans que
nous empruntons à la même source.

Pour produire la quantité de denrées coloniales que con-
somme actuellement la France, il faut seulement 30,000 carrés de terre (3,402 toises carrées par chaque carré), cette
mesure agraire, vu l'état inférieur de l'agriculture dans nos
colonies, produit 6,000 liv. pesant de sucre, 2,000 de café,
750 d'indigo, ou 5 à 600 de coton. Il faut trois hommes pour
la culture de deux carrés en cannes à sucre ; un seul pour
chaque carré en caféyer, ou indigotier; un seul aussi pour
trois carrés de cotonniers. D'après ces bases, le nombre d'individus nécessaires pour produire toutes les denrées coloniales exigées par notre consommation se monte à 40,000. Il
peut devenir double, si les cultures prennent un grand accroissement. « On voit qu'il ne faut pas les 800,000 habitans

que possédaient les colonies françaises avant la révolution ;
qu'il ne faut, dans l'état actuel de l'industrie agricole, que 80
à 100 mille cultivateurs (1). »

Si donc, avec nos 309,000 travailleurs esclaves, nous ne
produisons pas ce que pourraient rigoureusement produire
40,000 cultivateurs ordinaires, il faut encore de toute nécessité accuser le système qui les met en œuvre, c'est-à-dire,
l'esclavage.

On avoue, en effet, qu'on pourrait singulièrement améliorer la culture des terres et la fabrication du sucre, en intro-
duisant les procédés agricoles ou chimiques de l'Europe,
l'emploi des animaux et des machines ; qu'on obtiendrait par
là une augmentation d'un quart au mois dans les produits.
Mais le principal obstacle, c'est d'avoir des esclaves, *c'est-à-
dire, des ouvriers plus routiniers encore que les nôtres* (p. 240).
Et qui peut douter, au surplus, que ces 309,000 individus qui
languissent sous le joug, s'ils étaient transformés en ouvriers
libres, et travaillant pour leur compte, ne créassent promptement un surcroît considérable de produits dans les colonies !
En thèse générale, l'avantage du travail libre ne peut plus
être contesté ; la science économique s'est attachée à en démontrer l'évidence, et divisés encore sur une foule de points,
les plus célèbres économistes, depuis Adam Smith jusqu'à J. B.
Say, se sont trouvés d'accord sur celui-ci. La plus simple observation du passé ne suffit-elle pas d'ailleurs pour établir
cette utile et généreuse théorie ? Dans les tems anciens, comme
dans les tems modernes, peut-on trouver un état quelconque
dont la fortune agricole, industrielle, ou commerciale, dont
le capital social, enfin, n'ait pris un accroissement considérable, par suite de l'affranchissement des classes laborieuses ?

Il résulte de ces considérations, que l'esclavage doit être
encore condamné dans l'intérêt de la métropole, et que son
abolition augmenterait considérablement la valeur de ses colonies.

_____

(1) Moreau de Jonnès. Tom. 1, pag. 236.

Mais cette abolition est-elle praticable? L'esclavage n'est-il
pas essentiel à l'existence des colonies? Le climat, la nature
du sol, l'espèce des cultures, la différence des races ne s'op-
posent-ils pas invinciblement à ce que le travail y soit libre,
comme ailleurs? Enfin, demander l'abolition de l'esclavage,
n'est-ce pas demander la ruine des colonies? Telles sont les
questions que nous avons maintenant à examiner.

On a écrit cent fois, et l'on répète sans cesse, que les travaux des cultures coloniales sont au-dessus des forces des Européens. Les planteurs l'ont si fortement et depuis si long-
tems assuré, qu'ils ont fini par se le persuader à eux-mêmes,
et par convaincre sur ce point un grand nombre de personnes, auprès desquelles la déplorable condition des noirs n'a
plus été dès lors qu'un mal nécessaire. Ce n'est là pourtant
qu'un véritable préjugé, comme l'examen des faits peut le
démontrer. En effet, si l'on remonte à l'origine des colonies,
notamment des colonies françaises, on voit que les premiers
travaux, c'est-à-dire, les plus pénibles, ceux que nécessita le
défrichement, *furent effectués par des Européens.* Ces cultivateurs d'Europe, qu'on employa dans les premières plantations coloniales, furent appelés *Engagés de trente-six mois,* parce qu'ils contractaient en France l'engagement de servir dans
les colonies trois années, à l'issue desquelles ils étaient libres
de retourner dans leur patrie.

En 1665, l'établissement français de la Tortue se compo-
sait d'environ 450 personnes, qui cultivaient le tabac. Il n'y
avait encore à Saint-Domingue que la colonie de Léogane,
d'environ 120 individus, et *point d'esclaves encore,* dans ce
nombre, qui, en quatre années, fut porté à 1,500, par la sage
administration du premier gouverneur de cette colonie, d'O-
geron. Il paraît qu'il n'y en eût quelques-uns, échappés de la
partie espagnole de Saint-Domingue, que vers 1669 (1).

Le système des *engagés* ne fut point, sur-le-champ, comme
on pourrait le croire, remplacé par celui de l'esclavage des

_____

(1) CHARLEVOIX. *Histoire de Saint-Domingue.* Tom. II, liv. VIII.

Africains. Il y en eut long-tems encore, et l'on croyait si peu
alors les travaux et le climat des colonies incompatibles avec
l'organisation physique des Européens, qu'on imposa,
jusqu'à une époque assez avancée, aux propriétaires de terrains, l'obligation d'en employer. Des arrêts de 1696, 1716
et 1728, ordonnaient de prendre *au moins un engagé* par chaque
vingtaine d'esclaves qui résidaient dans une habitation (1).
Mais ces arrêts étant insensiblement tombés en désuétude,
par suite de la facilité que l'on avait à se procurer des nègres,
le préjugé que les blancs ne pouvaient travailler dans les colonies s'établit peu à peu. Nous pouvons indiquer les principales causes qui contribuèrent à l'accréditer.

En général, quels étaient les Européens qui se rendaient
dans les colonies? ordinairement, il faut en convenir, des
gens sans moralité, quelquefois perdus de dettes, et qui,
après avoir dissipé leur patrimoine, allaient chercher sous un
autre ciel une nouvelle fortune à dévorer. Pour de tels hommes,
les moyens les plus prompts, les plus aisés de gagner de l'or,
étaient les seuls qui convinssent; et livrés la plupart du tems
à la paresse et à l'indolence dans leur patrie, était-il probable
qu'ils pussent se dévouer à des travaux pénibles sur un sol où
la cupidité les avait momentanément appelés. En outre, le travail des terres se trouvant là, dès lors, le partage de la race
noire, et la race noire étant maintenue dans un tel état de dégradation, il y avait un nouvel obstacle à ce que les blancs
européens s'occupassent du travail des terres. Cette sorte de
mépris, qui s'attachait dans les colonies à la culture, unique-
ment parce que les nègres y étaient exclusivement consacrés,
est un fait qui a frappé tous les bons observateurs. C'est là
ce qui a fait manquer la plupart des essais qu'on a voulu faire
pour améliorer le système agricole dans ces établissemens. Par
exemple, on a plusieurs fois essayé d'y introduire la charrue :
pour en faire goûter l'emploi aux esclaves, on envoyait quelques laboureurs bien choisis; mais ces hommes, placés au ni-

_____

(1) HILLIARD D'AUBERTEUIL. Tom. II, pag. 273.

veau des cultivateurs noirs de la colonie, ne tardaient pas à se regarder comme avilis; ils accablaient de dédains et d'insultes leurs compagnons de travail, qui, chose étrange, méprisaient aussi et raillaient *ces blancs dont les bras partageaient leur propre besogne* (1). Ceci, joint à tous les inconvéniens que rencontre toujours le manouvrier enlevé au sol qu'il a jusque-là cultivé, et à la routine qui est sa sagesse, suffisait bien pour dégoûter de leur position ces laboureurs. Dès lors, les essais manquaient, et bientôt ils étaient abandonnés.

Si les noirs étaient consacrés à la terre, les professions industrielles étaient assez généralement exercées dans les villes par les hommes de couleur, et il y avait encore, dans l'état d'abjection où cette classe était maintenue, un prétexte à regarder comme avilissant cet emploi si utile et si honorable de la capacité physique et intellectuelle de l'homme. Voilà, comme on voit, des raisons suffisantes pour motiver l'état d'oisiveté et de désordre dans lequel vivait ordinairement la partie de la population blanche qui n'était pas occupée à diriger les cultures ou les opérations commerciales avec la métropole.

C'était au sein de cette partie de la population que venaient la plupart du tems se perdre ces jeunes gens qui, mus par divers motifs, passaient dans les colonies. Ils y apprenaient à persévérer dans leurs habitudes de dissipation et de prodigalité; l'intrigue et la friponnerie leur enlevaient promptement le peu de capitaux qu'ils possédaient. L'abus des plaisirs, fatal dans tous les climats, mortel dans celui-ci, ruinait leur santé. Affaiblis et languissans, mal soignés, livrés au regret de voir toutes leurs espérances déçues, quelquefois en proie aux besoins les plus pressans, le chagrin s'emparait d'eux; ils expiraient, et l'on ne manquait jamais de dire qu'ils avaient succombé aux atteintes du *climat dévorant* des colonies, quand ils n'avaient été victimes que de leurs passions. Tout en effet porte à croire, comme un grand nombre d'écrivains l'ont re-

_____

(1) MALENFANT, pag. 156.

connu (1), qu'un régime irritant et des excès, auxquels on n'est que trop porté sous un ciel brûlant et pour lesquels il y a toute facilité sur une terre d'esclavage, étaient les véritables causes de la mortalité observée parmi les Européens.

On insiste sur la nature des travaux dans ces contrées, si différens de ceux de l'Europe; et, pour prouver qu'il n'y a que les Africains qui puissent les accomplir, on cite les Indiens dont la race s'est éteinte dans les Antilles; mais il suffit d'une simple observation pour prouver combien l'objection a peu de fondement. Les Indiens ont péri, non dans les travaux des cultures coloniales qui existaient à peine alors, si elles existaient, mais dans les travaux des mines qui seuls paraissaient dignes d'attention aux conquérans.

La tentative malheureuse de colonisation, faite dans le siècle dernier à la Guyanne, a paru à Malouet un fait concluant en faveur de l'opinion qu'il émet aussi contre la possibilité de faire travailler les Européens aux cultures coloniales (2). Mais il suffit de connaître, dans ses détails, l'histoire de cette expédition désastreuse, pour voir qu'on ne peut absolument rien en induire. Ce n'est pas parce qu'ils travaillèrent que ces colons, envoyés sur ce sol avec tant d'imprévoyance, périrent misérablement; c'est au contraire parce que diverses circonstances étrangères aux cultures les empêchèrent de travailler; de là, une profonde misère, des souffrances de tout genre, des maladies dévorantes. En voilà assez pour expliquer une catastrophe dont le travail des plantations est bien injustement accusé. Au surplus, certaines parties des Guyannes sont peu salubres, et il est bien clair que, toutes les fois qu'on voudra y fonder des colonies avant d'avoir pris tous les moyens possibles pour en assainir le sol et l'atmosphère, ces colonies seront détruites avant de naître.

---

(1) *Mémoire sur les maladies de Saint-Domingue,* par M. BOURGEOIS, secrétaire de la chambre d'agriculture, imprimé dans un volume intitulé : *Voyages intéressans dans différentes colonies;* par M. N...... Londres, 1788. 1 vol. in-8°.

(2) *Mémoires,* pag. 93.

Qu'il faille absolument des noirs d'Afrique pour produire les denrées tropicales, c'est, en vérité, ce qu'on ne peut admettre, en présence de tant de faits qui établissent le contraire. Il est bien reconnu que la culture de la canne et la fabrication du sucre constituent ce que le travail colonial peut avoir de plus pénible. Or, on cultive la canne et l'on fait du sucre, sans noirs d'Afrique, dans plusieurs contrées des deux Indes. L'Indoustan, avec sa population indigène dirigée par le génie industriel de l'Angleterre, en produit à lui seul une quantité toujours croissante. A Java, où l'on ne compte, sur 4 à 5 millions d'habitans, que 27,000 esclaves, presque tous domestiques, la culture de la canne à sucre est l'une des plus importantes de l'île (1). Le Mexique peut être considéré comme n'ayant jamais eu de population noire; où évaluait à six mille ceux qui se trouvaient répandus dans l'immense territoire de la Nouvelle-Espagne, et la plupart étaient également consacrés à la domesticité; cependant, le Mexique produit du sucre; « il y a vingt ans, dit M. de Humbolt, qu'on ne connaissait pas en Europe le sucre mexicain : aujourd'hui, la Véra-Cruz seule en exporte 120,000 quintaux (2). »

Ce point est d'une importance telle que nous ne croyons pas pouvoir l'appuyer de trop de faits et de témoignages. L'auteur des *Considérations sur Saint-Domingue* (3) n'hésite pas à reconnaître que l'on peut très-bien faire travailler les blancs aux cultures coloniales, et il déclare qu'il serait avantageux de faire travailler, *concurremment avec les esclaves*, tous les vagabonds oisifs qui remplissent la colonie. Un voyageur, que nous avons cité dit : « *Qu'il est absurde de croire* que les Européens ne puissent vivre et travailler dans ces climats; qu'on voit de fréquens exemples du contraire; que des familles allemandes ont travaillé avec succès à la Louisiane, et des Irlandais à la Barbade, sans avoir de nègres; que le sys-

---

(1) Sir Stamford Rafles, *History of the Archipelago*, etc., vol. 1.

(2) *Essai politique*. Tom. II, pag. 40.

(3) Hilliard d'Auberteuil. Tom. II, pag. 274.

tème des anciens engagés des colonies françaises existe dans
quelques parties des États-Unis, où le colon a en même tems
des engagés et des esclaves, avec cette différence que les premiers travaillent mieux et lui coûtent moins (1). Un Améri-
cain, magistrat en Géorgie, et ancien planteur dans les Indes-
Occidentales, déclare que c'est *une erreur de croire* que la
canne à sucre, le caféyer, etc., ne puissent être cultivés que
par des noirs; les créoles, blancs de l'Anguilla et de Tortola,
et les hommes de la Barbade, appelés *ten acre men* (hommes
de dix acres), qui sont accoutumés à mener une vie active et
sobre, sont agiles, robustes, et prouvent que les blancs peuvent
cultiver le sol colonial (2). » Enfin, un écrivain français, connu
par des travaux d'un grand intérêt sur nos colonies, et qu'il faut
compter parmi ceux de nos contemporains qui les connaissent
le mieux (3), a si bien reconnu que les Européens sont tout-
à-fait aptes aux travaux agricoles des colonies qu'il propose
d'envoyer dans les nôtres, pour accroître leur prospérité,
6,000 cultivateurs tirés de nos campagnes, et il voudrait voir
ce nombre ultérieurement porté jusqu'à 20,000.

Il ne faut donc pas de toute nécessité des noirs pour la
culture des colonies; mais, comme par le fait cette culture
s'opère par des noirs, examinons maintenant s'il est absolument nécessaire, comme on l'a tant répété aussi, que ces noirs
soient esclaves. C'est le second point de la question, et il ne
nous sera pas moins facile de démontrer qu'il n'y a là encore
qu'un préjugé démenti par des faits irrécusables, et dont il est
tems de faire justice. Ceux qui le défendent se fondent notamment sur ce qu'entre les tropiques la terre nourrit si facilement ses habitans, qu'ils sont, par la nature des choses, livrés
à l'apathie, et qu'ils ne travaillent qu'autant qu'on les y contraint (4). Dans nos colonies, par exemple, un tiers d'arpent

---

(1) ROBIN. Tom. III, pag. 219, 228.
(2) STOKES. *Constitution of the British, colonies,* pag. 414.
(3) MOREAU DE JONNÈS. *Du Commerce au* XIXᵉ *siècle.* Tom. II.
(4) BARRÉ DE SAINT-VENANT. *Des Colonies modernes,* etc.

suffit à la subsistance d'un homme pour laquelle il faut six arpens en France, d'où il suit que le douzième de la population peut subvenir à l'entretien de tout le reste qui, dès lors, demeure les bras croisés.

Mais que conclure de l'admirable fécondité du sol intertropical, si ce n'est qu'il est destiné à faire vivre un plus grand nombre d'individus, et que des circonstances tout humaines, et où la nature n'est pour rien, peuvent seules empêcher que cette invariable destination ne soit accomplie. Par là se résout d'elle-même aussi l'objection que, sur un sol pareil, une partie de la population doit rester oisive, parce que ses produits ne trouveraient pas de consommateurs ; car la population croîtrait là comme partout avec la production, et dès lors les consommateurs ne lui manqueraient pas.

Il faut, dit-on, que le travail soit forcé entre les tropiques ; il faut que le fouet tire les hommes de l'engourdissement où les plongent les ardeurs accablantes d'un soleil perpendiculaire ; il faut enfin que le cultivateur soit esclave ou brute. Étrange, absurde contradiction de laquelle il résulterait que ce serait précisément dans les climats où la nature a rendu le fardeau de la subsistance plus léger, où elle a voulu épargner les sueurs de l'homme, que l'homme devrait être nécessairement condamné à tout ce que la condition humaine peut avoir de plus affreux !

Avouons-le, on a donné, sous ce rapport, beaucoup trop d'importance aux degrés de latitude. Si, dans les tems anciens, comme dans les tems modernes, on suit de l'œil les divers parallèles, il est impossible de ne pas reconnaître que rien n'a été plus variable que l'espèce et le degré du travail exécuté par les hommes dans des situations entièrement analogues. On a travaillé peu ou beaucoup sans esclaves, ou avec des esclaves, selon les circonstances. La religion, les lois, le voisinage des côtes ou des montagnes y ont influé. On parle des contrées tropicales ; mais, dans les siècles où les parties septentrionales de l'Europe étaient inexplorées et barbares, on eût été fondé aussi à déclarer que jamais ces *régions glacées* ne seraient cultivées, ou qu'elles ne le pourraient être que par des esclaves. On l'a peut-être dit cent fois dans l'ancienne Rome ; et cependant ces contrées sont, de nos jours, riches d'agriculture et d'industrie, et si dans quelques-unes les terres sont encore cultivées par des serfs, il en est d'autres dont les paysans sont au rang des cultivateurs les plus libres et les plus civilisés du globe.

Revenons aux noirs, nous ne rapporterons point ici tout ce qui a été dit sur leur paresse invétérée, sur cette disposition morale qui empêchera toujours, assure-t-on, d'en faire des ouvriers libres et industrieux (1). A quoi bon, en effet, combattre des assertions dont l'inexactitude est démontrée par des faits manifestes? Les colons, qui ont accrédité cette erreur, affirmaient qu'on devait les croire, eux qui avaient sans cesse les noirs sous les yeux, de préférence à ces raisonneurs d'Europe qui s'étaient faits leurs apologistes, sans les connaître. L'expérience a pourtant prouvé que c'étaient les raisonneurs qui ne se trompaient pas, et qu'il était injuste et absurde de prétendre que les Africains ne peuvent être amenés à travailler sans porter des chaînes.

Les colons croyaient connaître les noirs, et en réalité ils ne connaissaient que leurs esclaves. Oubliant que les hommes, loin de se civiliser, s'abrutissent par l'esclavage, ils s'étonnaient de ne pas voir se développer, sous le fouet des commandeurs, la capacité intellectuelle et physique de cette race, et ils déclaraient ce développement impossible; ils arguaient, par exemple, de ce que les esclaves qui, dans les colonies, désertaient les habitations pour se jeter dans les forêts, préféraient

---

(1) Récemment encore, l'auteur d'une brochure imprimée au Hâvre, relative à l'affranchissement des esclaves, disait : *Il est sans exemple que jamais noir ait travaillé sans y être forcé, sans être dans un état de soumission absolue.* (pag. 13). Comment se peut-il, qu'en présence de tant de faits qui donnent un démenti formel à de telles assertions, elles soient sans cesse reproduites avec une aussi étrange assurance!

toujours un vagabondage inactif au travail. Mais, quelle était
ordinairement la cause qui les avait portés à braver le supplice et à fuir ? On ne le conteste pas : l'horreur que leur inspi-
rait un travail qui n'était productif pour eux que de misères
et de mauvais traitemens. Comment dès lors ce même travail pouvait-il être le mobile et le but de ces hommes devenus
libres ?

On alléguait encore la répugnance que les affranchis
marquaient pour les travaux agricoles, la préférence qu'ils
accordaient toujours aux professions industrielles des villes.
Nous avons parlé du mépris voué en général dans les îles au
travail de la terre, parce qu'il était exclusivement affecté aux
esclaves; et ceci explique assez l'aversion des affranchis pour
ce genre d'occupation. D'ailleurs, si la profession qu'ils adop-
taient devenait plus avantageuse pour eux que la culture, s'il
y avait à la fois plus de lucre et moins de peine à travailler de
la sorte qu'à louer leurs bras dans les sucreries : le choix qu'ils
faisaient prouvait du sens, et voilà tout. On ne peut donc rien
conclure de ceci contre le travail libre des noirs, non plus
que de la négligence que les esclaves mettaient quelquefois à
cultiver ces jardins dont les produits entraient dans leur pécule. Cette négligence est explicable, quand on se rappelle
que le plus souvent les esclaves n'avaient pour cette culture
particulière que les heures qu'ils pouvaient dérober à leurs
repas, et en outre, qu'ils étaient accablés outre mesure de travail le reste du tems, de l'aveu même de ceux qui accusent
leur paresse. On voit que nous nous attachons à ne pas laisser sans réponse une seule des objections qui ont été faites
par les apologistes de l'esclavage.

Ainsi, conclure de ce qu'il faut souvent employer la contrainte et les châtimens pour faire travailler les noirs aux cultures, tant qu'ils sont esclaves, ou bien de ce qu'ils ont quelquefois le travail en aversion, lorsqu'ils cessent d'être esclaves,
que les noirs ne peuvent travailler libres, c'est manifestement raisonner mal, et contre l'évidence. Car, si nous examinons ce qui se passe devant nos yeux, nous voyons un grand

nombre de noirs affranchis travailler, *même à la terre*, dans la plupart des contrées de l'Amérique ; ils se louent facilement, pour le tems des récoltes, aux États-Unis et au Brésil, où ils forment une population assez considérable, plus facilement encore dans les républiques hispano-américaines, où le travail n'a jamais pu devenir le partage exclusif de la race noire ; dans les Antilles mêmes, où tout semble combiné pour les éloigner des occupations agricoles ; là, il est infiniment ordinaire de voir les planteurs, dont les terres sont voisines des grandes villes où se trouve surtout concentrée la population affranchie, trouver parmi les *nègres libres* qui y résident, quand ils ont besoin d'un surcroît de bras, des ouvriers qui viennent travailler chez eux, moyennant un prix convenu. Divers rapports officiels faits au gouvernement anglais rendent ce fait incontestable.

. M. de Humboldt, après avoir visité diverses plantations de la Nouvelle-Espagne, dirigées indifféremment par des *noirs libres*, *mulâtres* ou *zambos*, déclare que les faits constatés par lui prouvent, ce qui a depuis long-tems cessé d'être douteux pour les colons éclairés, à savoir, que l'Amérique peut produire du sucre et de l'indigo par des mains libres, et que les malheureux esclaves sont susceptibles de devenir des paysans ou des fermiers semblables à ceux de l'Europe (1). Ajoutons, relativement aux cultures du Mexique, quelques détails empruntés à une lettre en date de 1826, écrite par M. Ward, envoyé anglais auprès du gouvernement de cette république. M. Ward y déclare que, voulant contribuer de tous ses moyens à éclairer la grande question coloniale qui s'agitait alors, il visita lui-même la vallée de Cuernavaca et Cuantla Amilpars, aux environs de Mexico, laquelle fournit en grande partie le sucre et le café produit par la fédération mexicaine, et où, néanmoins, *il n'y a plus un seul esclave*. Toutes les cultures étaient primitivement opérées par des noirs achetés à la Véra-Cruz, de 3 à 400 dollars chacun. Quelques riches habitans,

---

(1) *Essai politique*, etc.

ayant reconnu que la fatigue de la route et le changement de climat leur en faisaient perdre un grand nombre, imaginèrent de créer une race de cultivateurs libres, en donnant chaque année la liberté à quelques esclaves qu'ils retenaient comme ouvriers, et encourageaient à se marier avec des naturels. Ce plan économique réussit, et lors de la guerre de l'indépendance, en 1810, ceux qui l'avaient adopté s'en trouvèrent bien ; car leurs ouvriers continuèrent à travailler pour eux, tandis que les esclaves des autres désertèrent leurs habitations. M. Ward ajoute qu'il n'est pas question ici du moindre moyen coercitif pour provoquer au travail ces ouvriers, tout noirs ou mulâtres qu'ils sont (1).

Les noirs affranchis travaillent à Sierra-Léone. A la vérité, on a pu s'étonner de la lenteur des progrès de cette colonie, et souvent les adversaires du travail libre des noirs ont cru pouvoir l'opposer victorieusement aux défenseurs de la thèse contraire ; mais il faut remarquer, d'abord, que trois fois, depuis sa fondation, qui ne date que d'un demi-siècle, elle a été atteinte des fléaux de la guerre ; ensuite, cette pensée si généreuse, si honorable pour ceux qui l'ont conçue, ne suppose pas nécessairement le génie indispensable pour l'accomplir ; enfin, convenons-en, quand toute l'Europe faisait la traite à la côte de Guinée, quels résultats pouvaient avoir les efforts de quelques philantropes pour civiliser l'Afrique ?

Citons encore Haïti : cette république compte actuellement environ 900,000 noirs affranchis, ou fils d'affranchis, qui travaillent. En 1824, l'exportation des produits du sol s'est montée à 725,000 livres de sucre, 992,950 livres de coton, 37,700,000 livres de café, sans compter les bois d'ébénisterie, le cacao, le rhum, etc. Sans doute, cette exportation, qu'on peut évaluer à 65,000,000 francs, n'égale pas même la moitié du montant de l'exportation, en 1789, pour la seule partie française, et elle est peut-être encore exagérée. Mais, en affaiblissant les chiffres d'un tiers ou de moitié, il reste encore

---

(1) *Anti-slavery Monthly reporter*, 1828, n° 9, p. 251, et 1819, n° 51, p. 36.

une quantité assez considérable de produits coloniaux,
et certes, après de longues guerres intestines dont cette île
a été le théâtre de nombreuses émigrations, et l'absorption
d'un capital immense dans la dévastation et l'incendie des
bâtimens, des plantations, des sucreries, on ne peut s'é-
tonner que cette quantité ne soit pas plus considérable.
Dans l'état actuel, sa population est croissante ; par conséquent, ses cultures sont en progrès. Voilà un fait à l'autorité duquel il faut se soumettre. Il est donc avéré que les
noirs peuvent produire les denrées tropicales, sans être
esclaves. Il est donc évident que cette race peut être trans-
formée en une population active et laborieuse, et que ce
n'est point là un des rêves de la philantropie européenne.

Concluons de tout ce qui vient d'être dit : 1° que les
blancs européens ou créoles peuvent cultiver les colonies ;
2° que les colonies peuvent être cultivées sans esclaves,
c'est-à-dire par les noirs libres.

Nous nous réservons d'examiner, dans la troisième partie, le travail libre dans ses rapports avec la propriété,
telle qu'elle est actuellement constituée dans nos colonies,
et de faire voir par quels moyens on peut concilier l'intérêt réel des maîtres avec la liberté des esclaves.

Résumons-nous. Si l'on a pu soutenir ce paradoxe étrange,
que les hommes ne sont pas essentiellement nés pour l'état
social, on n'a jamais du moins contesté que partout où la
société existe, elle doit constamment tendre à ce qui la perpétue et l'améliore. Or, comme nous l'avons vu, dans l'esclavage, il y a toujours tendance à la dissolution de la société ; il constitue un système de violence et d'injustice,
honteux et immoral, essentiellement antipathique avec les
principes qui servent de base et de lien à la communauté ;
il organise le travail qui la fait vivre, de telle sorte que
tous les fruits sont pour les uns et tous les labeurs pour les

5

autres; il maintient la classe productive dans un état d'abjection, de misère et de souffrance, constant, nécessaire, inévitable; il crée sur le même sol deux et souvent trois classes, divisées, ennemies et toujours menaçantes l'une pour l'autre; il compromet ainsi toujours la sécurité des colonies; il met obstacle à ce qu'il y ait sur le même sol un ordre légal uniforme, et rend la loi à peu près illusoire dans les garanties qu'elle accorde à la personne des esclaves; il est pour la race noire une cause de destruction rapide et constante; il abrutit et dégrade cette race, la prive de tout développement moral et intellectuel, et par suite de tous les avantages de la sociabilité; il est un principe nécessaire de dépravation pour la race blanche. Il impose à la métropole le fardeau d'un entretien coûteux; il empêche les colonies d'arriver au degré de prospérité qu'elles recevraient de l'augmentation de la population et des cultures; il prive l'état du surcroît de revenu qu'il retirerait naturellement de l'accroissement des propriétés et des produits. Il porte enfin préjudice au commerce et à l'industrie de la mère-patrie, en affaiblissant, en rendant presque nulle l'importance des débouchés naturels ouverts à ses produits.

L'esclavage colonial est donc de tous points contraire aux intérêts de la communauté; il est donc pour elle un principe nécessaire et constant de désorganisation; il peut donc être proclamé hautement ANTI-SOCIAL, il doit donc être aboli, au nom de tous les intérêts sociaux qu'il met en péril.

TROISIÈME PARTIE.

Quels sont les moyens à prendre pour opérer l'abolition graduelle de l'esclavage?

Après avoir exposé les vices et les maux de l'esclavage colonial, après avoir démontré la nécessité de répudier définitivement une telle institution, on se trouve encore en présence d'une grande, d'une immense difficulté : l'esclavage constitue, en définitive, une *propriété*, un *capital* considérable. Quel que soit le point de vue où l'on se place pour l'examiner, il faut toujours en venir à cette dernière considération, qui, dans la constitution actuelle de la société, a une importance presque exclusive, et domine à peu près toutes les autres.

Qu'en remontant aux principes, la nature de cette propriété puisse être à bon droit discutée ; que le contrat qui la garantit puisse être considéré comme vicieux et illicite dans sa matière même, c'est assurément ce qu'il est permis de supposer ; mais que pourrait-on en induire ? Un marché a été fait de bonne foi. La *chose* et le *prix* ont été livrés ; les formes voulues, observées. La convention n'est-elle pas dès-lors placée sous la foi publique, et conçoit-on que la loi puisse maintenant intervenir entre les contractans pour annuler un acte dont elle n'a pas empêché, dont elle a favorisé même l'accomplissement ?

Mais, en accordant toute garantie à la propriété que son consentement a légitimée, la société ne conserve-t-elle pas le droit de se garantir à son tour contre les inconvéniens et les dangers que pourrait avoir pour elle telle ou telle nature de propriété ? Ne doit-elle pas avoir le privilège de modifier l'exercice des droits du possesseur pour les concilier, autant que possible, avec le maintien de la sécurité publique ? et dans le cas où l'intérêt général exige impérieusement de ce possesseur le sacrifice complet de ses droits de propriété, n'est-il pas en elle de pouvoir, sans violence, lui faire accepter une *juste indemnité* de ce sacrifice ?

Or, tel est bien, nous l'avons vu, le cas que présente l'esclavage colonial ; et, par conséquent, ces principes

dont nous pourrions montrer l'application fréquente à des
objets de moindre importance, lui sont aussi tout-à-fait
applicables. Ainsi donc, s'il est vrai qu'on ne peut spolier
les planteurs, des esclaves qui forment une partie de leur
fortune mobilière ou immobilière, il est bien vrai aussi
qu'on peut les obliger à n'en user que de telle ou telle manière, et même, en tant que de besoin, les contraindre à
recevoir en échange des valeurs d'une autre nature. Il n'y
a point là, quoi qu'en aient dit ceux des défenseurs de
l'esclavage qui l'ont considéré sous ce point de vue, en Angleterre surtout, une violation de la propriété.

Nous reconnaissons donc que les esclaves sont une propriété, un capital dont les maîtres ne peuvent être privés
contre leur gré sans être équitablement indemnisés : c'est
dire que l'extinction de l'esclavage ne peut être que graduelle, car où est la possibilité de réunir la somme nécessaire pour le rachat instantané des esclaves dispersés dans
les colonies? l'emprunt le plus vaste n'y suffirait pas.

Après tout, la sagesse veut qu'il y ait des degrés entre
l'esclavage et la liberté. L'espèce humaine est faite pour
l'existence sociale; mais quand elle fut long-tems laissée
dans l'abrutissement, il faut lui en concéder avec précau-
tion les bienfaits, si l'on veut qu'ils ne se tournent pas pour
elle en fruits empoisonnés. Les esclaves ont besoin de s'essayer à être libres; et, partout où il y en a, on ne peut
épargner à la société d'affreuses catastrophes qu'en leur
donnant tout le tems nécessaire à cette sorte de préparation.

On doit voir maintenant sur quelles bases est assis le système que nous avons à développer : en résumé, il consiste
dans un ensemble de mesures progressives, calculées
de manière à faire arriver le plus promptement possible
les esclaves à ce degré de sociabilité dont la liberté est
la conséquence naturelle, et aussi à amener un état de

choses tel qu'il soit possible de concilier cette liberté avec l'intérêt des maîtres. Ces mesures peuvent être rapportées à quatre points principaux dont nous allons traiter successivement, à savoir : 1° abolir la traite ; 2° effacer le préjugé de couleur ; 3° changer le système de l'esclavage ; 4° introduire un système d'affranchissement graduel.

I. *Abolir la traite.* — Ce n'est pas sans une sorte de découragement qu'on se voit obligé de s'occuper encore de la traite. Ses horreurs ont été dévoilées à la face du monde civilisé ; on sait qu'elle est une cause de dépopulation et de barbarie pour l'Afrique et pour l'Europe, le motif d'actes de dépravation et d'inhumanité dont l'âme est saisie. On sait aussi que ce trafic n'est pas moins meurtrier pour les équipages qui le font que pour les misérables peuplades qui l'alimentent (1). Forcés de répondre au cri public d'indignation qui s'élevait d'un pôle à l'autre, tous les gouvernemens l'ont enfin proscrit, et toutefois il n'est point détruit. Une secrète connivence, une négligence cou-

---

(1) On avait souvent allégué en Angleterre que la traite était une *pépinière de matelots*. Le docteur CLARKSON, qui a si bien mérité de l'humanité en consacrant sa vie entière à la défense des noirs, a prouvé au contraire, par des calculs incontestables, qu'il périssait près des deux cinquièmes des matelots employés à ce trafic. Ces calculs lui ont fait dire « que la traite détruit plus de matelots à elle seule dans une année que la navigation de toutes les autres branches de commerce de l'Angleterre prises ensemble dans l'espace de deux ans. » Les maladies épidémiques qui règnent ordinairement sur les bâtimens négriers sont la principale cause de cette mortalité. L'écrit du docteur Clarkson a eu pour résultat d'ouvrir les yeux en Angleterre sur ce point important, et l'on peut croire que c'est là une des principales raisons qui ont déterminé le gouvernement à proscrire la traite. (*Essai sur les désavantages de la traite*, par *Th.* CLARKSON, ch. v.)

pable ont trop bien servi les vils intérêts qui s'attachaient à le maintenir. Nous le disons avec un profond regret, LA TRAITE SE FAIT ENCORE! Et il y a tout lieu de croire même que notre pays, où les idées généreuses et les principes d'humanité ont fait des progrès si marqués et si rapides, est pour beaucoup dans la persévérance avec laquelle se perpétue ce crime politique. Nantes a acquis sous ce rapport une déplorable célébrité; des rapports dignes de foi établissent que des cargaisons de noirs sont à peu près ouvertement introduites dans nos colonies d'Amérique, que la Martinique est une sorte de dépôt d'où sont tirés ceux que la fraude parvient à introduire dans les colonies où l'importation est sévèrement prohibée (1).

Il y a long-tems qu'on a démontré que le mode d'esclavage ne sera réellement changé que lorsqu'on cessera d'aller chercher chaque année des noirs en Afrique. L'esprit de routine, en effet, l'emportera toujours, et on verra les colons traiter leurs esclaves à peu près de même, aussi longtems qu'ils pourront les remplacer facilement en cas de mort. Il y a même diverses raisons qui motivent, jusqu'à un certain point, la traite existant, leur persistance dans ce fatal système. D'abord il est manifeste que cette introduction de noirs barbares, au sein des noirs créoles, contribue singulièrement à maintenir la population totale dans l'abrutissement et à retarder ses progrès vers la civilisation. Le dégoût du travail, l'indépendance sauvage, la crédulité stupide, l'idolâtrie, la magie, etc., trouvent toujours parmi les derniers venus des apologistes zélés et ardens.

_____

(1) On a cru pouvoir, d'après les rapports des commandans des croisières anglaises chargés de capturer les négriers, évaluer à 700,000 le nombre des noirs qui, depuis 1814 jusqu'à 1827, ont dû être achetés à la côte d'Afrique pour être transportés dans les colonies européennes.

Leurs idées, leurs habitudes peuvent être facilement goû-
tées par ceux qu'opprime un joug si cruel. Et tout, jusqu'au langage, devient alors un lien puissant entre deux
fractions d'une population originaire du même sol. Dès lors
les esclaves restent les mêmes, et voilà sans doute un prétexte suffisant à ce que le système usité à leur égard reste
aussi le même.

Il y en a un autre dans la fréquence des signes d'insubordination et de révolte qui se manifestent toujours parmi
la population esclave ainsi renouvelée, et qui ne sont
qu'une inévitable conséquence de ce que nous venons de
dire. C'est toujours en effet parmi les noirs récemment
importés que se fomente et se développe l'insurrection dans
le principe. Les noirs créoles s'y joignent ensuite. C'est aussi
par les *esclaves* de *traite* que sont commis ces actes qui
trahissent une sombre rage, puisée dans les tortures du vais-
seau négrier, et qui sont d'un exemple dangereux pour
les autres ; ces empoisonnemens, ces mutilations secrètes
d'animaux, ces suicides de compagnie, etc.: de là, la nécessité prétendue de ne rien changer à cet ancien système
de rigueur, qui a pourtant pour résultat effectif, comme
nous l'avons fait voir, de multiplier les actes pour la répression desquels il a été créé.

Il est donc évident que l'abolition totale de la traite, la
cessation réelle de toute importation quelconque d'esclaves
nouveaux dans les colonies est le premier pas qui doive
être fait, pour marcher vers l'extinction de l'esclavage. En
effet, la population esclave ne pouvant plus être sans cesse
renouvelée, comme par le passé, à la côte de Guinée, elle
deviendra précieuse aux yeux des colons; ils sentiront que
l'avenir de leurs cultures dépend de sa conservation, et ils
mettront dès lors à cette conservation autant de zèle qu'ils
y ont mis jusqu'ici de négligence. Des soins vigilans seront

pris pour les femmes enceintes et les enfans en bas âge, deux classes d'êtres qu'on ne considérera plus comme *improductives* ; le travail sera plus modéré, la nourriture plus saine, enfin la condition des esclaves sera améliorée de tous points. Cette population placée sous de meilleures conditions cessera d'être hostile, et il n'y aura plus de la sorte de prétexte pour maintenir l'ancien système de traitemens cruels : l'abolition de ce système réagira plus puissamment encore à son tour sur le moral des noirs, et c'est ainsi qu'ils pourront être graduellement amenés à la situation de cultivateurs libres, situation à laquelle il est matériellement impossible qu'ils arrivent jamais partout où la traite existera encore.

L'expérience a prouvé, du reste, que ce n'est point là une vaine hypothèse. Si dans ces derniers tems la civilisation a fait quelques progrès parmi la population esclave, c'est presque exclusivement dans les colonies où la traite a cessé, et il est bien constant que son avancement a été d'autant plus marqué que la loi de prohibition a été mieux observée.

Comme nous venons de le dire, toutes les nations ont aboli la traite, mais ce n'est guère qu'aux États-Unis, et dans les colonies anglaises, qu'on a entièrement cessé d'introduire des esclaves, parce que la loi y est véritablement combinée de manière à prévenir le crime ou à le punir. L'acte du congrès qui a prohibé la traite, dans tous les États de l'Union, en 1818, l'assimile à la piraterie, et porte la peine de mort contre les coupables. La loi anglaise déclare la traite félonie, et ceux qui s'y livrent subissent en conséquence une peine infamante ; le capitaine est condamné à la déportation à Botany-Bay, ou est puni de sept à quatorze années de fers. En outre le navire et la cargaison sont confisqués, et les esclaves rendus à la liberté.

Le gouvernement britannique a été plus loin : désespérant de pouvoir supprimer sur-le-champ le trafic illicite, il a pris des mesures pour prévenir l'introduction frauduleuse, dans ses colonies, des *cargaisons* qui échappent à ses croisières. C'est le but de ces actes dits d'enregistrement (*Registry-acts*), dont le bill proposé par M. *J. Stephen*, en 1815, fut l'origine. Celui qu'adopta la Jamaïque, à la fin de 1816 (1), et qui servit ensuite de modèle à chacune des autres îles, prescrit à tout possesseur d'esclaves de dresser, et de remettre aux officiers de la paroisse qu'il habite, un état exact du nombre des esclaves qu'il possède ; dans ces états doivent être mentionnés le nom, le sexe, l'âge, la couleur, et toutes les circonstances susceptibles de désigner spécialement chaque individu.

Les déclarans prêtent serment devant les magistrats que les listes par eux remises ne renferment aucune fraude à leur connaissance.

Ces états seront renouvelés tous les trois ans, à partir de 1817, et ils porteront en outre, dans des colonnes séparées, l'accroissement et le décroissement du nombre des esclaves dans les trois années qui viennent de s'écouler, en précisant avec *netteté* la cause de cet accroissement ou de ce décroissement.

Les états relatifs aux esclaves de la couronne doivent être dressés et attestés sous serment, comme les autres, par le secrétaire du gouverneur sous peine d'une amende de 100 liv.

Quelques articles ont pour but d'empêcher toute infidélité de la part des officiers chargés de recevoir les états. La plus légère dérogation aux règles qui leur sont prescrites est punie d'une amende de 50 liv.

_____

(1) *An act for the better regulation of Jamaica* 1817.

Un autre porte « que toute personne qui aura laissé passer les délais fixés pour la remise des listes d'esclaves, ou qui en aura présenté sciemment d'inexactes, paiera autant de fois 100 liv. qu'il se trouvera d'individus dont l'inscription n'aura pas été faite sur les états, sans préjudice des *poursuites auxquelles elle aura pu donner lieu, pour violation des lois relatives à l'introduction de nouveaux esclaves dans la colonie.*

Telles sont les principales dispositions de cet acte, qui paraît, de même que ceux des autres colonies, avoir produit l'effet attendu, bien qu'on ait quelquefois soutenu le contraire en Angleterre. Il est évident qu'on doit adopter de semblables dispositions partout où l'on ne voudra pas que l'acte d'abolition de la traite ne soit qu'une vaine et trompeuse déclaration.

On convient généralement que les lois pour la répression de la traite en France (15 avril 1818, et 25 *id.* 1827) sont inefficaces pour mettre un terme à cette odieuse spéculation. La dernière porte le bannissement et une amende égale à la valeur du navire, la cargaison non comprise, parce qu'il n'est pas convenable, a-t-on dit, dans la discussion, de considérer *des hommes comme une marchandise.* De cette manière, l'amende n'est pas assez forte et les chances des bénéfices peuvent encore déterminer à braver la loi. On a eu moins de scrupule en Espagne et en Portugal où l'amende est portée au montant total du navire saisi; ce qui peut l'élever quelquefois jusqu'à 6 ou 700,000 fr. En outre, nulle disposition ne statue sur le sort des noirs capturés; ils deviennent donc ce qu'on appelait anciennement *esclaves du roi,* c'est-à-dire que la traite se fait en définitive au profit de l'État qui a proscrit la traite ! Assurément, un tel ordre de choses doit être modifié; espérons qu'il le sera bientôt, et que le gouvernement sentira enfin la nécessité d'introduire un système de mesures mieux combiné pour arriver au but (1).

II. *Effacer le préjugé de couleur.* — Il y a, dans la servitude européenne, un caractère général qu'il faut saisir, parce qu'il explique tout. Dans notre ancien monde, il est manifeste que l'esclavage fut toujours primitivement créé par la victoire. On était esclave, parce qu'on était vaincu. On subissait une des chances des affaires humaines. Qui ne voit dès lors que, fondé sur un titre pareil, l'esclavage ne pouvait imprimer à la nation, à la race esclave, le sceau de la dégradation ! ce n'était plus qu'une condition malheureuse qui pouvait coïncider et qui coïncidait très-souvent avec une grande supériorité intellectuelle. Les Grecs esclaves à Rome étaient, la plupart du tems, bien au-dessus de leurs maîtres par le génie et l'instruction ; et quant à ces barons féodaux, si fiers de leur grossière ignorance, on sait qu'ils étaient obligés de s'en remettre à leurs serfs, clercs ou autres, de tout ce qui ne concernait pas exclusivement le noble métier des armes.

De cette origine politique de l'esclavage en Europe il est résulté que l'infamie n'y a généralement pas été attachée, et voilà pourquoi, nous tous enfans de ces communes qui ont, avec l'appui des couronnes, conquis leur indépendance, nous éprouvons plus d'orgueil que d'humiliation en pensant que nos pères furent serfs des moines et des seigneurs : et voilà pourquoi aussi la situation bizarre dans laquelle se trouve de nos jours tel commerçant d'une ville moscovite, qui paie comme serf ou comme issu de serfs une

---

(1) Il vient d'être présenté à la chambre des pairs une nouvelle loi qui élève la peine, mais qui ne statue pas l'enregistrement des esclaves, indispensable toutefois pour empêcher la fraude.

capitation personnelle , n'a pour lui rien de dégradant, et
ne l'empêche pas de jouir de tous les priviléges de la cité.

Il en est tout autrement de l'esclavage colonial : là, l'o-
rigine n'est point *politique; * elle est *commerciale.* Il ne s'a-
git pas d'hommes vaincus, il s'agit d'hommes achetés : il ne
s'agit pas d'une condition pour ainsi dire accidentelle et
amenée par le hasard des événemens, mais d'une condition nécessaire et qui dépend de la nature même des êtres
qui s'y trouvent condamnés. Dès lors l'esclavage est en-
taché d'infamie, et la race enchaînée n'est plus qu'une vile
marchandise , vouée au mépris des hommes libres. Ce résultat est inévitable en tout état de cause : que sera-ce donc
si une différence d'organisation vient s'y joindre , si , par
exemple, la couleur de la peau, ce caractère si frappant de
l'humanité, peut devenir le signal constant et manifeste qui
distingue cette race, qui sert à la faire reconnaître ? alors ,
on leconçoit, il n'y a plus pour l'esclave aucun moyen de
se soustraire à la dégradation , elle le suit partout et toujours ; la nature l'a en quelque sorte empreinte sur son
front, et elle ne s'arrêtera pas non plus à lui ; elle le frap-
pera jusque dans les générations les plus reculées auxquelles il aura transmis avec son sang cette nuance de la peau ,
qui en est devenu le témoignage ineffaçable. Vainement
la condition aura changé; la nuance est restée ; la liberté
n'a pu la faire disparaître, et si faible qu'elle soit, elle est
encore atteinte de ce dédain profond dont l'esclavage avait
été primitivement la cause, et qui s'est trouvé ainsi passer
avec le tems de la condition à la couleur.

Tel est effectivement ce fatal *préjugé de couleur,* source
si féconde d'iniquités et de malheurs dans les colonies.
Pour le bien comprendre, il faut voir qu'en effet il a bien
plus pour objet, comme on l'a remarqué avant nous, la
différence de race que la différence de condition, et le noir

que l'esclave. Aux Antilles, dit M. Stephen, l'injure n'est pas dans le titre *d'esclave*, mais dans celui *de nègre*; il s'agit toujours bien moins de faire voir qu'on a eu pour auteur un homme libre, que de prouver qu'on n'a pas une goutte de sang noir dans les veines (1). Dans les colonies espagnoles, dit M. de Humboldt, où le préjugé existe, quoique fort affaibli, il semble pareillement avoir oublié la source pour ne plus s'attacher qu'au caractère visible. Là il ne s'agit aussi que d'approcher de la blancheur départie à la race celtique, et dans une querelle, il n'est pas rare d'entendre un homme du peuple dire à son adversaire : *Vous croyez-vous plus blanc que moi* (2).

C'est ce préjugé de couleur qui jusqu'à nos jours a maintenu dans la situation la plus bizarre, la plus inconcevable, une classe d'habitans libres des colonies issus du mélange des deux races. Nous allons exposer cette situation ; comme on le verra, elle se lie à la condition des noirs beaucoup plus qu'on ne le croirait au premier aperçu.

Dans le principe, la loi française assimila entièrement l'affranchi au blanc libre. Le Code noir porte que l'affranchissement fait dans les îles y *tient lieu de naissance*, et rend habiles les affranchis, sans lettre de naturalité, à jouir de tous les avantages de sujets naturels du royaume ; les déclare francs et quittes de toutes charges, services et droits utiles envers leurs anciens maîtres, et leur recommande seulement *un respect singulier envers la personne de ces maîtres, leurs veuves et leurs enfans ; enfin leur octroie les mêmes droits, priviléges et immunités dont jouissent les personnes nées libres.*

Cette législation est formelle, elle prouve qu'à cette épo-

_____

(1) *West-indian Slavery*, t. 1, p. 31.
(2) *Essai politique*, etc. édition de 1828, t. 11.

que le préjugé de couleur n'existait pas encore ; il n'y a pas
un mot dans ces trois articles d'où l'on puisse induire la
plus légère distinction ou supériorité de race, car le *respect
singulier*, prescription qui se trouve dans les lois d'affranchissement de tous les tems et de tous les pays, s'arrête aux
enfans du maître.

On voit encore la preuve de la non-existence du préjugé,
à cette époque, dans la fréquence des mariages entre les
blancs et les négresses ou femmes de couleur. Les édits des
rois, notamment le Code noir, avaient encouragé ces sortes
d'alliances en *déclarant affranchis par le fait*, dans ce cas,
la femme et les enfans issus d'elle, même avant le mariage.
Il y eut jusqu'à la fin du 17e siècle un assez grand nombre
de ces unions dont les colons se sont, dans la suite, attachés
à effacer les traces. Elles devinrent de plus en plus rares
à mesure que le préjugé s'accrédita. Un libertinage ouvert
en prit la place, et il ajouta encore au caractère de dégradation dont étaient frappés les hommes de couleur qui se
trouvaient être ainsi, la plupart du tems, le produit d'un
commerce illégitime.

Sous l'influence de ce préjugé une législation nouvelle
remplaça successivement l'ordre de choses établi, par
Louis XIV, et introduisit dans nos colonies le plus odieux
système qui ait jamais été appliqué à des hommes libres.
Nous en signalerons rapidement les traits principaux.

En 1704, une ordonnance locale porte que ceux qui
épouseront des femmes de couleur seront déchus de la
noblesse ; plus tard une autre établit que tout habitant qui
se mariera avec une négresse ou mulâtresse ne pourra
être officier ni posséder aucun emploi dans la colonie (1).
En 1720, un règlement de la Martinique défend aux noirs

---

(1) Moreau de Saint-Merry, t. iii, p. 382.

ou mulâtres libres de porter aucun vêtement de luxe sous peine de confiscation des vêtemens et de prison, même de perdre la liberté en cas de récidive. Un arrêt du conseil du Cap de 1758 leur fait défense de porter *l'épée et des manchettes*, à moins qu'ils ne soient employés dans la maréchaussée. Diverses ordonnances de 1764 et des années suivantes leur interdisent successivement toutes fonctions publiques ainsi que les professions de médecin, chirurgien, notaire, greffier, huissier, négociant *en gros*, etc. En 1765, un arrêt défend aux notaires et avoués de les admettre comme clercs dans leurs études, attendu que de telles fonctions ne doivent être confiées qu'à des personnes d'une probité reconnue, *ce qui ne peut se rencontrer dans une naissance aussi vile que celle d'un mulâtre.* En 1763, un juge du Cap défend dans une disette aux boulangers, à peine de 100 liv. d'amende, de *les servir avant que les blancs soient approvisionnés.* En 1765, un gouverneur de la Martinique leur interdit de s'assembler pour noces, festins ou danses sous peine de 300 liv. d'amende, *et perte de la liberté, même de plus grandes peines s'il y échet.* En 1780, un arrêt du conseil supérieur condamne des personnes de couleur libres au bannissement et au carcan *pour insolence envers les blancs.* Dans l'année suivante un autre arrêt défend aux officiers publics de qualifier les gens de couleur *de sieur et dame* (1). En 1783, un autre arrêt condamne à une simple amende un habitant et sa femme coupables d'avoir *excédé* de coups une mulâtresse libre (2).

---

(1) **Une décision ministérielle** vient de supprimer la plupart de ces prescriptions du Code colonial.

(2) **Le droit de frapper** les personnes de couleur était à peu près consacré par l'usage. Un écrivain le justifie de la manière suivante :

Vers le même tems, des décisions coloniales enlèvent à des hommes de couleur libres des biens qu'ils possédaient depuis trente années, sur ce que ces biens n'étaient pas présumés avoir pu être acquis depuis l'affranchissement et pouvaient par conséquent être considérés comme ayant été *volés* aux maîtres. En 1802, le gouvernement consulaire remet en vigueur les dispositions des anciennes lois qui excluaient les noirs et hommes de couleur du territoire français; et en 1807, une circulaire du ministre de la marine, adressée aux capitaines généraux des colonies, en réclame la stricte exécution, à l'effet, est-il dit, d'arrêter l'introduction en France de la race africaine, et *le mélange impolitique et scandaleux qui peut en résulter dans le sang français*, etc. (1).

C'est peu de régler de la sorte une liberté acquise : on saisit avec empressement tous les prétextes de la ravir. En 1820, une ordonnance coloniale enjoint à tous les hommes de couleur de *justifier, par titres*, de leur droit à être libres; un grand nombre sont alors replacés sous le joug par suite de l'impossibilité où ils se trouvent de produire des pièces qui n'avaient peut-être jamais existé. En 1770, un jugement condamne un mulâtre du Cap, libre depuis QUARANTE ANS, à redevenir esclave ainsi que ses enfans. Plus tard, les gens de couleur sont autorisés à faire reconnaître la liberté dont ils jouissent par le fait, moyennant une somme d'argent qui s'élève successivement jus-

---

« Il y a, dit-il, *une sorte d'humanité à ce que les blancs puissent punir sur-le-champ et humilier les mulâtres pour leur épargner la prison!* Et plus loin: *Il n'y a point d'abus à permettre aux blancs de se rendre justice eux-mêmes de l'insolence des mulâtres, pourvu qu'ils les punissent sans excès.* » (HILLIARD D'AUBERTEUIL, t. II, p. 75 et 95.)

(1) *Code de la Martinique*, t. V, p. 231.

qu'à 4,000 liv. En 1802, un grand nombre d'affranchis, reconnus libres depuis treize années, mais dont le titre pouvait être contesté, n'ayant pas les moyens de payer cette somme sont vendus aux enchères publiques, comme *épaves*, c'est le nom qu'on donne aux esclaves qui n'ont point de maîtres connus. En vertu d'actes de 1803 et 1809, la liberté acquise dans un lieu ne peut être exercée dans un autre sans confirmation, et l'on invalide à la Martinique des libertés prononcées à la Guadeloupe. Tel est le régime sous lequel gémissent encore les hommes de couleur de nos colonies, car le gouvernement qui vient de tomber, aux acclamations de l'immense majorité des Français, l'avait laissé intact; c'est ce que constatent un grand nombre de faits (1), et surtout cette affaire célèbre des hommes de couleur de la Martinique qui a signalé à l'estime publique la courageuse persévérance d'un avocat français (2), et qui a offert à l'Europe le scandale d'un arrêt portant condamnation à la marque et aux galères contre des citoyens distingués à tous égards, et coupables seulement d'avoir réclamé avec modération, du gouvernement de Louis XVIII, l'état de sujets naturels du royaume dont ils eussent joui sous le règne de Louis XIV !

Si maintenant nous interrogeons les apologistes du système colonial pour connaître les raisons puissantes qui ont pu motiver un tel ensemble de mesures à l'égard des hommes de couleur, on nous répondra que *l'intérêt et la sécurité* des colonies veulent qu'on accable les noirs d'un

---

(1) Nous voyons par exemple, en 1827, un homme de couleur libre de la Martinique condamné à deux mois de prison et à 260 fr. d'amende pour avoir dit à un blanc qui le menaçait, *qu'il se défendrait* si celui-ci osait le frapper ! (*Code de la Martinique*, t. v, p. 248.)

(2) M⁰ Isambert.

si grand mépris que quiconque *en descend jusqu'à la sixième génération, soit couvert d'une tache ineffaçable* (1); qu'il importe au *bon ordre* de ne pas affaiblir l'état d'humiliation attaché à l'espèce *dans quelque degré que ce soit* (2); que changer cet état de choses, ce serait opérer la subversion totale des colonies (3). Tel a presque toujours été le langage adopté sur ce point ; c'est toujours au nom du repos public et de la sécurité générale qu'on a recommandé les mesures les plus vexatoires contre les gens de couleur.

Mais les plus simples lumières du sens commun ne suffisent-elles pas pour montrer toute l'absurdité d'un tel système ? Il est, dit-on, nécessaire qu'il y ait une classe intermédiaire entre les blancs et les noirs. Sur quoi fonde-t-on cette nécessité prétendue ? En quoi peut-il être utile de constituer de la sorte, dans nos colonies, une espèce d'aristocratie de couleur ? Quel bien peut produire l'humiliante vassalité dans laquelle on prétend tenir cette classe intermédiaire ? Comment cette classe concourra-t-elle au maintien de la sécurité générale ? Nous le demandons aux hommes de bonne foi, est-il un seul cas possible où il devienne avantageux aux blancs, qui comptent un ennemi dans chaque esclave, d'associer encore aux esclaves, déjà trop nombreux, tous les affranchis dont ils pourraient si facilement faire d'utiles auxiliaires ? N'est-il pas évident qu'un pareil état de choses, loin de garantir le maintien du bon ordre dans les colonies, n'est au contraire propre qu'à le troubler ?

On a invoqué des considérations d'une autre nature ; on

---

(1) HILLIARD D'AUBERTEUIL, t. II, p. 72 et 73.

(2) BOGNES, *Lettre ministérielle*, 23 mai 1771.

(3) MALOUET, *Mémoires*, etc.

à dit que c'est grâce à l'ignominie attachée à l'état d'homme
de couleur que s'est maintenue dans nos établissemens la
filiation de la race blanche, laquelle se serait perdue après
un certain nombre de générations ; et c'est *ainsi que les
individus, les familles, les nations s'altèrent, se dégradent et se dissolvent* (1) ; il n'est pas difficile de faire voir
que cette objection, malgré l'autorité du nom recomman-
dable qui l'appuie, souffre à peine l'examen. Qu'importe
en effet cette filiation d'un certain nombre de familles
transportées dans un autre hémisphère ? Quel grand intérêt
y a-t-il à ce que ces Européens fixés dans les colonies ne
subissent aucune altération dans la couleur de leur épiderme ? Peut-on empêcher même qu'ils ne soient modifiés
d'une façon quelconque sous ce ciel nouveau, et conçoit-
on bien qu'une population se trouve être exactement, après
trois cents ans passés dans les Savanes des Antilles, ce qu'elle
eût été sur les rives du Rhône ou de la Loire ? N'est-il donc
pas dans la nature des choses qu'une race se mêle sur le sol
qu'elle vient habiter, soit avec la population indigène,
soit avec telle autre qui s'y trouve implantée en même tems
qu'elle. Cela ne doit-il pas être surtout, quand on voit que,
loin de perdre, elle a au contraire gagné à ce mélange, et
c'est ce qui est avéré dans le cas dont il s'agit. On a souvent
reconnu en effet que les mulâtres sont en général plus robustes que les blancs. Dans des situations égales, ils vivent
plus long-tems et résistent davantage aux maladies endé-
miques dans ces régions. Ils procréent aussi plus d'enfans ;
enfin, cette population, qui a reçu des uns la vigueur physique, et des autres la capacité intellectuelle, semble tenir,
dans le nouveau monde, le rang qu'occupe la race Mau-
resque en Afrique. En réalité, elle est la fraction puissante

(1) MALOUET, p. 49.

où doivent avec le tems venir se confondre toutes les autres.
Elle est faite pour le sol, et le sol lui revient. Tel est l'ordre
de la nature et un préjugé ne peut pas toujours en empêcher l'accomplissement.

Eh! qu'est-ce, à vrai dire, que cette filiation, pure de
tout alliage, qui doit tant importer aux peuples? Toute
nation n'est-elle pas le résultat d'un mélange perpétuel de
races diverses? Nos propres annales ne nous montrent-elles
pas notre population sans cesse renouvelée par les bouleversemens politiques, et n'y a-t-il pas dans nos veines
du sang puisé de presque tous les points du globe? Ces
nations du nouveau monde qui reçoivent des colonies de
toutes parts pour peupler leurs vastes territoires s'inquiè-
tent-elles si leur filiation en est altérée? Comment de tels
mélanges amèneraient-ils la dissolution des sociétés? Il
est vrai qu'on ajoute qu'ils *dégradent*, et ici nous com-
mençons à voir le sens caché sous ces considérations si
hautes en apparence; nous reconnaissons qu'il n'y a
là en réalité que le préjugé, que cet opiniâtre préjugé
de couleur que nous avons essayé de caractériser plus
haut.

En vérité, il est tems d'en venir à des idées plus raisonnables et de renoncer à un système qui n'a d'autre fondement que le plus pitoyable orgueil. On a déjà essayé de
modifier cet ordre de choses. Le préjugé n'existe plus à un
degré égal dans les différentes colonies de la même nation.
Ainsi, il est fort affaibli, il tend visiblement à s'effacer à
Bourbon et à l'Ile-de-France. Dans les Antilles anglaises, le
gouvernement a fait, dans ces derniers tems, de sincères
efforts pour le détruire. Les gens de couleur de la Jamaïque ont déjà obtenu la plus grande partie des priviléges
de la liberté. En 1826, ceux de la Trinité ont été rendus
éligibles à tous les emplois civils et militaires, et affran-

chis de certaines obligations humiliantes (1). En 1829, des mesures semblables ont été adoptées pour Sainte-Lucie et Berbice. On peut hardiment affirmer que sous peu de tems la condition des hommes de couleur sera, dans toutes les possessions britanniques, en tout conforme à celle des blancs.

La condition des gens de couleur était de même que celle des esclaves, établie, dans les colonies espagnoles, sur des bases plus libérales que partout ailleurs. Toutefois le préjugé, quoique affaibli, y était aussi parvenu à faire reculer la législation, et à établir à leur égard plusieurs incapacités civiles et politiques. Mais, moyennant une somme d'argent, le roi accordait *dispense de couleur*, et rendait ainsi admissibles à toutes les fonctions, même à la prêtrise. Quelquefois une famille entière passait de la sorte dans la classe des blancs.

Les révolutions qui ont changé l'existence politique des possessions espagnoles sur le continent y ont placé les gens de couleur dans une situation qui ne diffère en rien de celle des autres classes de la société.

A Surinam, les hommes de couleur jouissaient, dès le commencement du siècle, des mêmes droits que les blancs. Le secrétaire général du gouvernement appartenait à cette classe. Un grand nombre de blancs distingués étaient mariés avec des mulâtresses qui se trouvaient en toutes circonstances confondues avec les femmes blanches (2).

Il résulte, comme on voit, de cet exposé, que le préjugé a été affaibli, presque détruit même en quelques lieux ; qu'on le veuille, et il le sera bientôt partout. Or, on le voudra quand on sera bien convaincu qu'il est hautement

_____

(1) *The Trinidad guardian*, 1826, n° 12.

(2) MALENFANT, p. 175.

impolitique et tout-à-fait contraire à l'intérêt général des colonies. Il faut reconnaître, en effet, que partout où il y a des
hommes de couleur et des esclaves, la situation dans laquelle on maintient les premiers, augmente singulièrement
le danger que présentent les seconds. Dans les Antilles,
par exemple, où, comme nous l'avons vu, la population
affranchie est plus que le double de la population blanche,
cette situation crée une communauté d'intérêts entre deux
classes que sépare à d'autres égards une forte antipathie
dont nous allons expliquer la source, et qu'avec un peu
de réflexion, les possesseurs d'esclaves se fussent en quelque sorte appliqués à fortifier, puisqu'ils ne voulaient rien
changer au mode de l'esclavage. Une conduite opposée
a eu des résultats bien funestes pour la France ; car c'est
un point avéré et reconnu même par les colons sincères,
que la première et la principale cause de la perte de Saint-
Domingue est l'opiniâtreté des blancs à ne vouloir point
reconnaître les droits politiques concédés aux hommes de
couleur par la métropole. Tout le mal vient de là, l'histoire
l'a démontré. Cette grande leçon de l'expérience qui nous
apprend que c'est le préjugé de couleur qui perd les colonies sera-t-elle comme non avenue pour nous ?

Le préjugé de couleur peut être encore considéré comme
un obstacle insurmontable à tout changement réel dans la
condition des esclaves. En effet, tant que la classe des affranchis sera maintenue dans une situation telle que la sécurité générale en est manifestement compromise, il est
bien clair qu'on ne pourra, qu'on ne devra même pas vouloir augmenter le nombre des affranchis. Dès lors tout ce
qui pourra rapprocher la population esclave de la liberté
sera opiniâtrément refusé par les colons ; dès lors il n'y
aura plus de changement possible dans le système de l'esclavage.

En outre, il est arrivé, comme on devait s'y attendre, que les gens de couleur, voulant venger les affronts continuels auxquels les exposait leur affinité plus ou moins éloignée avec les noirs, ont généralement voué à cette portion de la population coloniale un mépris mesuré sur celui dont ils sont eux-mêmes l'objet de la part des blancs. Voilà pourquoi on a pu remarquer que, dans les colonies surtout où le préjugé était le plus accrédité, ils se montraient fréquemment, à l'égard de leurs propres esclaves, maîtres plus intraitables que les blancs. Ils oubliaient une origine et une condition primitivement communes, et il leur semblait qu'ils en effaçaient les traces et la faisaient de la sorte oublier aux autres; maintenant il est facile de comprendre que tout ce qui tendrait à rapprocher les gens de couleur des blancs, à déraciner les préventions qui les séparent, à faire des deux populations une population identique par ses habitudes sociales comme par ses droits politiques, deviendrait aussi, par contrecoup, avantageux aux noirs. Les gens de couleur, en changeant de position, se trouveraient naturellement amenés à d'autres idées; ils méconnaissaient cette ancienne communauté d'origine et de condition avec la race noire, lorsqu'elle était pour eux une source d'humiliation; des sentimens de commisération, une sympathie bien naturelle, la leur rappelleraient dès qu'elle n'affecterait plus en rien leur propre condition. Alors on les verrait suivre les blancs dans la carrière des améliorations en faveur des esclaves, en provoquer eux-mêmes de nouvelles et se faire enfin les promoteurs zélés de cet affranchissement graduel qui est désormais le besoin de tous dans les colonies.

Il faut donc, avant tout, s'occuper des hommes de couleur, et s'attacher à détruire le préjugé qui affecte leur condition sociale. Sans doute, il y a de grandes difficultés à surmonter et nous avouons qu'il ne s'agit pas simplement d'une loi à faire. Il faut se garder de heurter trop violemment l'esprit colonial, et n'avancer qu'avec mesure. Du reste, l'administration aura toujours de puissans moyens de réussite quand elle voudra bien réellement réussir. Qu'elle n'emploie d'abord que des agens pénétrés des vices et des inconvéniens du préjugé, c'est-à-dire, qu'elle fasse précisément tout le contraire de ce qui a presque toujours été fait jusqu'ici, dans nos colonies, où l'on n'envoyait guère, pour y remplir les fonctions publiques, que des personnes bien imbues des idées coloniales; que ces employés du gouvernement témoignent, en to es circonstances, de l'estime et de la considération à ceux des hommes de couleur qui se distinguent par de la probité et des lumières; qu'ils remplacent par des réflexions sages et modérées, dans les feuilles coloniales, ces déclamations furibondes contre les *philantropes européens* qui éloignent les esprits d'une réforme; qu'ils suppriment une à une ces restrictions humiliantes qui font honte à notre siècle; qu'ils favorisent ces alliances entre les deux races que commande une saine politique; qu'ils autorisent, qu'ils excitent les parens à envoyer leurs enfans en Europe pour recevoir dans la mère-patrie l'éducation et une profession libérale; quelques-uns de ces enfans deviendront des citoyens distingués, et peut-être qu'à leur retour les colons éclairés par la raison et par le tems ne refuseront plus de voir en eux des compatriotes, peut-être qu'ils ne se regarderont plus comme humiliés d'être au niveau d'une classe dans le sein de laquelle il s'est trouvé des hommes qui, en Europe, ont pu commander des armées et s'allier aux maisons royales.

III. *Changer le système de l'esclavage.* — Les réflexions qui précèdent s'appliquent à la condition des esclaves aussi

bien qu'à celle des hommes de couleur. Là une sage et
prudente réserve n'est pas moins indispensable ; là aussi
ce n'est que pas à pas qu'on peut opérer le bien.

Sans doute, en présence de tant de maux, il en coûte
de réprimer les élans d'une sensibilité vivement émue ;
sans doute on voudrait pouvoir réclamer le renversement
subit d'un système d'où résultent de si fatales conséquences ;
mais telle est la destinée des choses humaines : il n'a fallu
qu'une année pour consolider l'esclavage en Amérique,
et peut-être faudra-t-il un siècle encore pour l'en effacer
entièrement !

Puisque l'esclavage ne peut être détruit sur-le-champ,
une législation nouvelle doit incontestablement remplacer
cet amas de dispositions monstrueuses qui le régissent
encore dans la plupart des colonies. Mais ici il faut réflé-
chir qu'autre chose est d'improviser des lois, d'après les
inspirations d'une généreuse exaltation, et pour une situation sociale imaginaire ; autre chose est de rédiger un Code
conforme aux règles d'une raison calme et sûre, applicable
à des faits et à des circonstances qui existent bien réellement. Il est très-vrai que les colons n'ont en général sur
l'esclavage et sur les noirs que des idées peu raisonnables.
Mais, enfin, ces idées sont les leurs et le tems seul peut faire
qu'elles soient remplacées par d'autres : il est assurément
très-fâcheux que l'esclavage ait dégradé et abruti les noirs ;
mais s'ils sont effectivement dégradés et abrutis, n'est-ce
pas là encore un fait sur lequel le présent ne peut rien ?
La première qualité d'une loi est très-certainement d'être
exécutable, de l'être franchement et sans détours ; or,
celle qu'on porterait pour les colonies le serait-elle, pour-
rait-elle l'être, si l'on ne tenait aucun compte de ces deux
importantes circonstances particulières à leur situation, si,
en supprimant brusquement tous les droits du maître, on

proclamait ceux de l'esclave, si on ôtait tout à l'un pour
accorder subitement tout à l'autre? Évidemment de deux
choses l'une dans ce cas; ou bien la loi resterait sans application, et alors point de changement dans le sort des
esclaves, ou bien son application amènerait des troubles
au sein desquels s'effectuerait la ruine des maîtres ainsi que
celle des colonies. Trop ou rien, l'alternative est inévitable
quand on veut faire violence à un état social réel et existant. Les exemples ne nous manqueraient pas pour justifier
ces assertions; ils se présenteront d'eux-mêmes à l'esprit du
lecteur.

C'est sur ces principes que le gouvernement britannique
a basé la réforme de l'esclavage qu'il a hautement reconnu
être une nécessité du siècle, et dont nous avons fait connaître
les résultats dans la première partie de ce travail (1).

Le système sagement progressif, appliqué par Canning
et Huskisson aux Antilles anglaises, et dont chaque année
l'opinion presque unanime du royaume-uni demande avec
ardeur l'entier accomplissement, doit servir de modèle à
tous les gouvernemens d'Europe qui possèdent des colonies
à esclaves; ils comprendront que les projets avoués par
l'Angleterre leur imposent la loi d'adopter les mêmes bases
pour leurs établissemens, et qu'ils ne peuvent rester en
arrière sans honte et sans danger : les obstacles qu'ils auront à surmonter, au surplus, seront bien faibles en comparaison de ceux que devait rencontrer le ministère britannique de la part de ces îles fortes de leur nombre, liées
par un intérêt commun, et toutes fières de ces formes
constitutives qui leur ont été anciennement concédées,
comme un rempart contre l'influence de la métropole. Rien
de pareil dans les colonies des autres nations; elles ont

---

(1) Voir à ce sujet la *Revue Encyclopédique*, t. XLVI, pag. 529.

une importance comparativement peu considérable, et l'on sait avec quel despotisme on les gouverne en général; il n'y a donc à craindre qu'une résistance peu redoutable : et c'est sans doute la première fois que le despotisme se sera trouvé bon à quelque chose !

Il faut donc qu'un plan conforme d'améliorations progressives, adapté, dans ses détails, aux localités diverses, soit introduit sur-le-champ dans toutes les colonies; il faut qu'il soit basé partout sur le principe formellement reconnu *que l'esclavage doit être ultérieurement aboli* ; il faut que toutes les modifications qu'on y comprendra aient pour but constant de préparer l'esclave à devenir libre.

Indiquons sommairement les points principaux sur lesquels on doit porter, d'après ces principes, la réforme graduelle du système colonial, notamment dans les possessions que les derniers traités nous ont laissées.

Nous proposerions qu'une ordonnance royale remît en vigueur tout ce que contiennent de favorable aux esclaves les actes de Louis XIV et de Louis XVI, en y ajoutant les améliorations que la loi ou l'usage ont introduites dans les autres colonies. Cet ensemble de dispositions formerait un nouveau *Code noir*, qui serait plus tard remplacé par l'acte d'affranchissement général dont il sera question ci-après.

Le nouveau Code noir considérerait les esclaves comme *des sujets* à qui la loi doit une protection d'autant plus étendue et effective que la condition de *propriété privée*, à laquelle ils sont forcément réduits, les expose davantage aux torts et aux injures.

Un magistrat de la colonie serait investi du caractère de *protecteur et tuteur* des esclaves, et suppléerait à cette sorte d'incapacité sociale dont ils sont frappés. Il poursuivrait par toutes les voies l'exécution des dispositions de la loi

portée en leur faveur; il aurait pour assesseurs, dans ses
fonctions, tous les officiers de police civile ou militaire placés dans les différens quartiers de la colonie; ces officiers
seraient tenus de rendre compte au magistrat-protecteur
de tout ce qui serait parvenu à leur connaissance relativement à la condition des esclaves de leurs quartiers res-
pectifs; ils inspecteraient, de tems à autre, les habitations;
ils prêteraient serment, ainsi que le protecteur, de remplir
fidèlement et loyalement leur emploi. L'administration
coloniale ne devrait choisir pour lesdites fonctions d'assesseurs du protecteur des esclaves que des hommes exempts
autant que possible des préventions coloniales contre la race
noire, et que leur moralité connue placerait au-dessus de
toutes tentatives de corruption.

Les maîtres s'engageraient à ne choisir pour gérans ou
économes que des hommes d'une bonne conduite et de
principes sûrs. Ces gérans ou économes prêteraient serment
de faire exécuter les prescriptions de la loi relatives au
régime intérieur des habitations.

Il serait formé dans chaque paroisse un tribunal domestique composé de trois propriétaires, et destiné à recevoir
les plaintes des esclaves (1). Ce tribunal s'assemblerait chaque dimanche; l'officier investi des fonctions d'assesseur
serait tenu d'assister aux audiences; il y remplirait l'office
de rapporteur, et transmettrait les résultats au protecteur
qui pourrait requérir appel des décisions devant les tribunaux supérieurs.

Le travail ordinaire serait invariablement limité entre le
lever et le coucher du soleil. L'esclave recevrait pour celui
qui serait fait en cas d'urgence, dans les jours et heures de

---

(1) Malouet avait proposé une institution à peu près semblable
dans son projet de réglement colonial remis au gouvernement.

repos, ou bien de nuit, une indemnité dont l'espèce et le montant seraient déterminés par des règlemens particuliers. Le tems du repos serait, pour chaque jour, de deux heures et demie au moins, distribuées dans la journée suivant la nature des travaux, les saisons, etc. Un jour de la semaine serait accordé aux esclaves, en outre du dimanche, pour le travail de leurs jardins.

Le propriétaire logerait ses esclaves d'une manière saine et convenable; il veillerait à ce que leurs cases fussent bien fermées et tenues avec propreté. Il y aurait dans chaque habitation une infirmerie munie de lits. Les secours de l'art devraient être appelés dès que l'état du malade les ferait juger nécessaires.

Le système alimentaire actuel, débilitant et tout-à-fait propre à favoriser l'action du climat, serait changé. Les salaisons seraient surtout supprimées. La multiplication ou l'importation des bestiaux serait encouragée de manière à ce qu'il devînt possible de distribuer chaque semaine aux esclaves une certaine quantité de livres de viande (1); on établirait, partout où le sol le permettrait, des plantations de vivres que la cupidité a si souvent fait remplacer par d'autres cultures.

Il serait donné aux esclaves les étoffes ou vêtemens nécessaires conformément aux anciennes lois. Les esclaves devraient être hors des travaux des champs décemment vêtus, comme les personnes libres. On ne laisserait plus entièrement nus les enfans même en bas âge, de l'un ou l'autre sexe (2).

Les esclaves sans père ni mère pourraient, dans le cas où le maître leur refuserait l'autorisation de se marier,

(1) MOREAU DE JONNÈS, t. II, p. 315
(2) MALENFANT, p. 232.

réclamer cette autorisation du protecteur. Le vœu des parens devrait être respecté par les maîtres. Ceux-ci seraient
tenus d'encourager par tous les moyens le mariage parmi
leurs esclaves. Dans des circonstances égales, toute primauté,
tout avantage appartiendrait de droit à ceux qui vivraient
sous l'influence de ce lien sacré. En aucun cas les membres d'une famille ne pourraient être vendus séparément.

Les maîtres seraient obligés de faire baptiser et instruire
leurs noirs. Des prières publiques seraient faites soir et
matin dans les habitations. On veillerait à ce que les esclaves pussent assister aux exercices religieux les dimanches
et fêtes. L'administration ferait en sorte qu'il fût successivement établi une école tenue par un affranchi, et où les
enfans de l'un et de l'autre sexe fussent instruits dans la
pratique de leurs devoirs, et même dans les connaissances
les plus élémentaires. Les ecclésiastiques attachés aux diverses paroisses seraient tenus de visiter de tems à autre
les écoles.

L'usage du fouet cesserait entièrement, dans les habitations comme signe d'autorité; et comme châtiment, il ne
pourrait jamais être infligé, *aux hommes seulement*, qu'en
vertu de la décision d'un tribunal, et par les mains d'un
exécuteur public. Dans ce cas, le nombre des coups ne
pourrait jamais dépasser *douze* (1).

Le droit de propriété et de disposer librement du pécule
serait formellement consacré. Il serait établi des caisses
d'épargnes destinées à recevoir les fruits du travail parti-

_____

(1) « J'ai la conviction que les noirs n'ont pas besoin de fouet
pour travailler, puisqu'il y a des planteurs qui en faisaient rarement
usage. Je me glorifie d'avoir été de ce nombre; et certes, sur les habitations dont j'étais chargé, j'ai fait plus de revenu que mes prédé-
cesseurs; je n'ai jamais eu un seul marron. » (MALENFANT, p. 133.)

culier des esclaves, et à accumuler à leur profit les intérêts.

Le maître pourrait, en certains cas, être contraint à se démettre du pouvoir dont il aurait fait un usage contraire à la loi; l'esclave passerait dans ce cas à un nouveau maître.

L'esclave pourrait hériter ou recevoir des blancs par donations, ester en justice pour toutes actions civiles ou criminelles, dans la poursuite desquelles il serait soutenu par le protecteur. Il serait jugé par la même loi, par les mêmes Cours, et d'après les mêmes formes que les blancs; enfin son témoignage serait admis par les juges, même *contre son maître*, sur certificat d'instruction religieuse et sur déclaration faite par le protecteur que le degré de développement moral auquel il est parvenu autorise une telle admission.

Telles sont les bases de l'organisation nouvelle que doit, *dès à présent*, recevoir le régime de l'esclavage. Il n'y a là, on doit le voir, rien de chimérique, rien qui appartienne à des théories philantropiques; ce sont toutes dispositions pratiques et manifestement applicables, puisqu'elles sont appliquées, depuis une époque plus ou moins ancienne, dans différentes colonies; c'est à cela seulement que nous bornons à présent nos vœux pour les nôtres. Il n'y a aucune objection raisonnable à faire à cette réforme, car l'expérience a suffisamment prouvé que de tels changemens dans la condition des esclaves, loin de les porter à l'insubordination, les rendent au contraire plus calmes et plus dociles; et, quant aux intérêts matériels des propriétaires, si quelques-unes de ces dispositions peuvent d'abord légèrement augmenter les frais d'exploitation, il est évident que l'augmentation rapide du nombre de leurs esclaves produira un peu plus tard, à leur avantage, un accroissement de capital et par conséquent de revenus, qui compensera amplement leurs sacrifices préalables.

Quand ce nouveau mode d'esclavage aura produit les immenses résultats qu'on a droit d'en attendre, s'il est bien compris et appliqué avec franchise, quand son influence aura suffisamment avancé l'amélioration morale et intellectuelle de la race noire, alors le tems sera venu d'accomplir une réforme plus importante encore ; alors pourra être appliqué, sans obstacle et sans danger, le système définitif que nous allons faire connaître.

IV. *Introduire un système d'affranchissement graduel*. — Parmi les affranchissemens ordinairement effectués dans les colonies sous l'influence de l'ancien système, il y en avait peu qui fussent une juste rétribution des longs services rendus par l'esclave, qu'une constitution robuste amenait par hasard jusqu'au terme ordinaire de la vie humaine. L'origine était en général moins pure. C'était des maîtres qui brisaient les chaînes de leurs concubines et de leurs bâtards, ou bien qui libéraient de malheureux nègres devenus infirmes par une maladie ou par un châtiment, et qui ne pouvaient plus servir à rien. Il est vrai qu'alors ils retombaient à la charge de la communauté comme mendians et vagabonds, et ce fut aussi une première raison pour mettre des limites aux affranchissemens.

Il y en eut une autre plus puissante encore dans la condition à laquelle fut condamnée la classe des affranchis : il est clair, comme nous l'avons montré plus haut, qu'aussi injurieusement traitée, elle ne pouvait être nombreuse sans danger pour les blancs qui l'opprimaient ; de là ces obstacles, de jour en jour multipliés, pour réprimer la libération des esclaves, ou pour empêcher l'exercice des libertés reconnues, et c'est ainsi que l'injustice n'a jamais pour résultat que l'injustice.

Dans l'origine, notre législation coloniale semblait avoir pour principe fondamental que toutes occasions de finir, par l'affranchissement, un système aussi radicalement vicieux que celui de l'esclavage, devaient être soigneusement recherchées. Nous avons vu que, d'après le code noir, le simple mariage affranchissait de fait la mère et les enfans. D'autres dispositions témoignent la même libéralité de vues.

On ne tarda pas à mettre ces principes à l'écart, et l'on s'en éloigna chaque jour davantage, à mesure que le préjugé s'accrédita et que le nombre des affranchis s'accrut. En conséquence, diverses ordonnances parurent successivement dans le but de rendre les affranchissemens plus difficiles et moins nombreux.

Les formalités prescrites par ces ordonnances n'ayant pas eu tout l'effet attendu, on imposa au maître qui voulait affranchir l'obligation de déposer dans la caisse coloniale une somme d'abord faible et qui devint ensuite considérable, et s'éleva même jusqu'au montant de la valeur de l'esclave.

Moyennant toutes ces entraves mises à l'affranchissement, le nombre des affranchis décrut annuellement. Sur cent mille esclaves, il y en avait à peine cent qui devinssent libres chaque année (1). Nous avons vu précédemment par quelles iniques mesures on s'attachait sans cesse à diminuer encore le petit nombre des libertés accordées.

Dans les colonies hollandaises, l'affranchissement était réglé à peu près sur les mêmes bases; peut-être même avait-il été rendu plus difficile encore que dans les établissemens français (2).

_____

(1) MALOUET, *Mémoires*, etc.

(2) A Surinam, vers la fin du siècle dernier, le voyageur Sted-

7

Il en est tout autrement dans les possessions espagnoles ; là le maître a toute liberté pour affranchir et l'esclave pour se racheter. Il suffit que ce dernier ait amassé sa valeur ; le fisc n'entre pour rien dans l'acte de libération ; et le magistrat n'y intervient que pour déterminer la valeur du prix, quand le maître et l'esclave ne sont pas d'accord.

Au Brésil, l'esclave jouit aussi du droit de racheter sa liberté dès qu'il peut la payer.

L'Angleterre a, dans sa législation coloniale améliorée, adopté, quant à l'affranchissement, les principes de la loi espagnole. La matière est ainsi réglée par les ordres en conseil de 1824 et des années suivantes. « Aucune taxe ne pourra désormais être exigée, soit de l'esclave, soit de son maître, pour le fait de l'affranchissement : les frais d'enregistrement de l'acte seront à la charge du trésor public. Tout esclave peut racheter sa liberté ou bien celle de son conjoint, de son enfant, de sa sœur ou de son frère ; si le maître refuse de consentir au rachat, ou exige un prix exorbitant ; si par suite de son état d'incapacité comme mineur, insensé, etc., il y a obstacle à l'accomplissement du vœu légitime de l'esclave, le juge, sur l'instance du protecteur, appelle devant lui les parties intéressées ; là, après avoir entendu les motifs allégués pour ou contre le rachat de la liberté dudit esclave, il prononce, suivant qu'il résulte de cette instruction sommaire ; dans le cas où

---

man, ayant eu un enfant d'une négresse esclave qui ne lui appartenait pas, voulut l'affranchir ; mais ses instances et ses offres réitérées pour obtenir l'autorisation de le racheter furent vaines ; et, quoiqu'il eût des relations d'amitié avec le gouverneur, il fut obligé, à son grand regret, de partir en laissant son enfant dans l'esclavage. Plusieurs de ses compagnons se trouvaient dans le même cas. (*Voyages*, etc., t. II, p. 65.)

il y a dissentiment entre le maître et l'esclave, au sujet du prix, chacun d'eux est appelé à nommer un arbitre, et le juge désigne lui-même un sur-arbitre. Ces trois individus, ayant prêté serment de décider en conscience, doivent produire leur estimation dans les sept jours. Cette décision est sans appel. Dans le cas où l'estimation n'aurait pas été produite dans le délai fixé, le sur-arbitre la produira dans les sept jours qui suivront, et sa décision sera pareillement obligatoire.

« Toutes les fois qu'un affranchissement doit avoir lieu par une transaction privée entre le maître et l'esclave, le protecteur en sera instruit par le premier, et l'affranchissement ne sera prononcé qu'après qu'il aura examiné si la loi a été accomplie.

« Tout affranchissement gratuit d'un enfant âgé de moins de six ans ou d'un homme de plus de 5o, ou infirme et malade, sera nul, s'il n'est précédé d'un acte par lequel le maître affecte une somme de 200 liv. à l'entretien dudit esclave affranchi, jusqu'à l'âge de 14 ans, s'il s'agit d'un enfant; ou jusqu'à la fin de sa vie, s'il s'agit d'un vieillard ou d'un infirme. »

Sous l'influence de cette loi, le nombre des libérations s'est rapidement accru. Dans la petite colonie de Honduras, il s'est élevé à 1 pour cent sur toute la population. A la Trinité, de 1821 à 1827, sur une population d'environ 23,500 individus, il y a eu 965 affranchissemens, c'est-à-dire, environ 138 par an, formant plus d'un et demi pour cent. A Demerara, dans les cinq premiers mois après la publication de l'ordre en conseil, il y a eu 243 affranchissemens, c'està-dire, près du double de ceux effectués dans les cinq années précédentes. Les rapports officiels constatent que, sur les 965 esclaves affranchis de la Trinité, 576 ont acquis eux-mêmes par leur travail et leur économie le prix de leur

liberté, qui s'est élevé au taux moyen de 64 liv. sterl.
(1,600 fr.). Nous livrons ces faits aux réflexions du lecteur;
on voit assez combien ils prêtent de force aux argumens
que nous avons émis en faveur du travail libre des noirs (1).

Le gouvernement britannique a suffisamment prouvé au
reste qu'il avait à cœur de voir s'accroître le nombre des
affranchis, en établissant en principe que les esclaves qui
ont, comme domestiques, vécu libres un certain tems, en
Europe, ne peuvent plus être remis en esclavage, quand
leurs maîtres les ramènent dans les colonies. D'après ses
ordres aussi, des esclaves qui s'échappent d'une colonie
étrangère sont libres par le fait dès qu'ils sont sur le sol
anglais; l'extradition ne peut, sous aucun prétexte, en être
faite. Ceci a été appliqué, en 1825, à des esclaves français
qui s'étaient réfugiés à la Jamaïque (2). Certes, il y a là
matière à de graves réflexions.

Il suit, de ce qui vient d'être dit, que la condition d'affranchi peut s'établir, soit par manumission volontaire de la
part du maître, soit par le rachat que l'esclave a le droit
de faire de sa liberté. A ces deux moyens principaux de la
recouvrer, il faut ajouter ceux qui résultent, 1° du séjour
momentané dans la mère-patrie; 2° de la fuite hors d'une
colonie étrangère; 3° des condamnations qui peuvent être
portées en certains cas contre les maîtres, et qui libèrent
des esclaves cruellement traités par eux, comme nous
l'avons vu dans la première partie. Ce sont là les moyens
par lesquels peut se terminer l'esclavage colonial, dans
l'ordre actuel. Il est clair qu'ils doivent être tous compris
dans le nouveau mode que nous avons exposé, mais qu'ils
ne peuvent être considérés que comme de simples élémens

(1) *Anti-Slavery monthly reporter*, 1828, n° 43.
(2) *The royal Gazette Jamaica*. 1826, n° 1.

du système général, qui doit mettre un terme à l'esclavage ;
que comme des dispositions secondaires de l'*acte définitif*,
destiné à en opérer l'abolition complète.

L'esclavage a déjà été aboli de la sorte, par forme de
mesure générale, dans plusieurs parties de l'Amérique. Quelques États de l'Union ont simplement consacré le principe
dans leur constitution politique, et l'abolition s'est effectuée graduellement et sans secousses. En 1780, le peuple
de Pensylvanie, combattant pour sa liberté, crut qu'il devait s'occuper de celle de ses esclaves ; en conséquence,
l'abolition graduelle de l'esclavage fut décrétée. L'acte statua
que les enfans des noirs et des mulâtres seraient libres après
qu'ils auraient servi leurs maîtres pendant 28 ans. En 1788,
on déclara libres les esclaves des personnes qui viendraient
s'établir dans l'État, à la condition de faire quelques années
d'apprentissage. Depuis, il y a eu une foule de lois dans le
but d'accélérer l'abolition. En 1811, il n'y avait plus que
deux esclaves à Philadelphie, et encore l'étaient-ils de leur
plein gré (1).

Dans Massachussets, la loi ne consacrait pas positivement
l'esclavage ; mais l'institution était tolérée. La constitution
ayant été portée, quelques esclaves firent plaider leur liberté devant les tribunaux, alléguant qu'il n'y avait point
de loi ancienne qui les enchaînât et que, s'il y en avait,
elle était abolie par la constitution nouvelle. Ces esclaves
furent effectivement reconnus libres, *sans rachat* pour les
propriétaires ; il n'y eut point de troubles, et le nombre
des esclaves diminua, d'année en année, par libérations
établies sur les mêmes principes. En 1778, on comptait
18,000 esclaves ; il n'en restait plus que 6,000 en 1790, et
plus un seul quelques années après. Du reste, cette liberté

(1) WARDEN, t. II, p. 359.

fut en général fatale à ceux qui la reçurent, parce qu'ils n'y étaient pas suffisamment préparés. Peu se livrèrent au travail ; la paresse et la débauche en enlevèrent un grand nombre ; les autres se firent domestiques ou matelots (1).

Dans Vermont, la déclaration des droits a statué qu'aucun homme ne peut être esclave après vingt ans, ni une femme après dix-huit. Le gouvernement de New-York, par un acte daté du 31 mars 1817, a proclamé l'abolition totale et définitive de l'esclavage, à dater du 4 juillet 1827, auquel jour, tout nègre ou mulâtre, né avant le 4 du même mois 1799, sera libre. Ceux qui sont nés postérieurement seront libres, les hommes à 28 ans, les femmes à 25. Dans l'état d'Ohio, la servitude involontaire et l'esclavage sont abolis. Aucune transaction faite avec un nègre ou un mulâtre ne peut être valide que comme acte d'apprentissage, quand le terme du service excède une année. Un esclave devient libre dès qu'il touche le sol de l'Ohio (2); c'est aussi de la même sorte que l'affranchissement général a été porté dans les nouvelles républiques de l'Amérique méridionale. Il a été fixé un terme au-delà duquel l'esclavage se trouverait entièrement aboli ; ce terme est de quarante années pour Colombia, d'après les mesures qui ont été prises par la législature (3). A la fin de 1829, il a été porté au Mexique un décret statuant l'affranchissement complet et instantané des esclaves, et fixant le principe *d'une indemnité* pour les maîtres, dont le montant sera réglé dès que la situation de la république le permettra.

C'est un système analogue qui devra être adopté pour les colonies *quand les esclaves seront suffisamment préparés à*

(1) LAROCHEFOUCAULD, t. v, p. 117.
(2) WARDEN, t. ii et iv.
(3) MOLLIEN, *Voyage à Colombie*, 1824; t. ii, chap. vii.

travailler libres, et cette simple restriction suffit pour lui assurer une grande supériorité sur tous ceux qui auront été appliqués auparavant. En effet, en affranchissant jusqu'ici soit partiellement, soit en masse, on s'est en général peu occupé de savoir quel usage les noirs feraient de la liberté qu'on leur accordait, et quel serait le mode ultérieur d'existence d'une classe dont le travail était indispensable pour la culture. Qu'en résultait-il ? Qu'affranchir, c'était presque toujours en définitive enlever des bras à la terre, et qu'on faisait simplement des *hommes libres*, tandis que c'étaient des *cultivateurs libres* qu'il fallait faire.

Nous avouons que le travail des noirs est, dans l'état actuel, et sera long-tems encore, selon toute probabilité, une *question de vie et de mort* pour les colonies; par conséquent, nous ne saurions admettre aucun système d'affranchissement partiel ou total, qui aurait pour résultat de les enlever aux travaux agricoles, de diriger, vers tout autre objet que le sol, l'emploi de leurs forces physiques. Le but serait manqué alors comme il l'a presque toujours été jusqu'à présent, et les défenseurs des intérêts coloniaux seraient certainement fondés à combattre des plans qui, en supposant même que les esclaves eussent été équitablement rachetés, opéreraient encore la ruine totale de la propriété, puisqu'on aurait enlevé aux propriétaires, sans la remplacer, la main-d'œuvre nécessaire à l'exploitation de leurs terres.

Il faut donc que le système définitif d'abolition soit combiné de telle sorte que la presque totalité des noirs attachés à la culture y restent attachés encore après leur affranchissement; qu'ils continuent à travailler la terre quoique délivrés du lien qui les y tenait enchaînés, de même que les paysans d'Europe, lors de l'abolition du servage féodal; qu'ils

soient enfin également portés par les goûts, les habitudes
et les besoins nouveaux que leur condition améliorée aura
développés à consacrer librement leur vie à l'industrie
agricole. Nous avons prouvé qu'il n'y a rien dans leur nature qui puisse l'empêcher, et des faits nombreux nous
ont suffisamment démontré que, si l'affranchissement n'a
pas toujours produit de semblables résultats, c'est à l'esclavage, à l'esclavage tel qu'il est établi, qu'il faut s'en
prendre, et qu'on ne pouvait raisonnablement attendre
autre chose du brusque passage d'une condition semblable
à la liberté.

Maintenant, ce système de travail libre peut-il se concilier, dans les colonies, avec l'intérêt des maîtres, ou bien
doit-il nécessairement augmenter les frais d'exploitation
à tel point qu'elle devienne à peu près impossible, et que
la ruine des propriétés en doive être ultérieurement le
résultat? Tel est le problème à résoudre : il est le plus
important que puisse présenter la discussion. Dans le fait,
tout dépend de la manière dont il sera résolu. Nous l'examinerons comme nous avons fait jusqu'ici, d'après le raisonnement et l'expérience.

On se demande d'abord comment il se ferait que les colonies, dont le sol est si fertile et les produits si précieux, ne
pussent salarier la classe agricole sans ruiner le propriétaire et la propriété, tandis que la chose est possible dans
nos contrées, beaucoup moins favorisées de la nature ? C'est
là sans doute un argument propre à embarrasser. Le pro-
pose-t-on aux partisans du système colonial, on reçoit pour
réponse que ce sont les restrictions commerciales imposées
aux colonies, le monopole auquel elles sont soumises qui,
en enlevant une forte portion des bénéfices, mettent le
propriétaire dans l'impossibilité de donner des salaires,
comme en Europe. Nous répondrons à notre tour que le

système assurément très-vicieux de la métropole à l'égard
des colonies, système dont nous sommes loin de prendre
la défense, n'affecte cependant pas, au point qu'on le dit,
ces bénéfices, puisqu'on avoue que le rapport des biens
fonds y est en général de 7 à 8 p. o/o, ce qui est à peu près
le double du rapport moyen des terres en Europe. Ensuite
ce système restrictif ne pèse-t-il que sur les colonies? Ne
sommes-nous pas nous aussi gardés par une double ligne
de tarifs et de douaniers? Et notre industrie agricole n'est-
elle pas obligée aussi de payer fort cher une foule d'objets
de consommation qu'elle se procurerait à bon marché si l'on
ne croyait nécessaire, à tort ou à raison, de garantir par des
prohibitions ou des surtaxes les autres branches de l'industrie nationale? et cependant notre industrie agricole salarie
le cultivateur.

Mais, dira-t-on, la question n'est pas précisément de savoir si les propriétaires des colonies peuvent, eux aussi,
accorder des salaires sans voir leurs fortunes anéanties; il
faut décider, avant tout, si l'obligation d'accorder des
salaires affecterait réellement leurs revenus; car, dans ce
cas, pourquoi changeraient-ils de système?

Assurément, quand même il serait bien établi que ce
changement entraînerait, de toute nécessité, quelques sacrifices, il y aurait encore, comme on l'a vu, une foule de
raisons qui commanderaient impérieusement de s'y rési-
gner; mais de quelle surprise n'est-on pas frappé lorsqu'en
examinant la question, avec une attention impartiale et
scrupuleuse, il est impossible de ne pas reconnaître qu'en
réalité les revenus sont beaucoup plus affectés par l'entretien des esclaves qu'ils ne le seraient par le salaire de
cultivateurs, et que, tous calculs faits, ces derniers coûteraient beaucoup moins aux propriétaires. Cette vérité a déjà

été reconnue en plusieurs lieux ; il est inconcevable qu'elle ne l'ait pas été depuis long-tems partout.

Dès la fin du dernier siècle, au rapport d'un illustre voyageur, on commençait à avouer, en quelques parties des États-Unis, qu'il serait infiniment avantageux de pouvoir se passer d'esclaves ; qu'après les avoir payés fort cher, il fallait les vêtir, les nourrir, les soigner, et que souvent un propriétaire de 80 esclaves n'en avait pas 30 en état de travailler ; *que dix ouvriers feraient plus de besogne que ces 30 esclaves ; que la besogne serait mieux faite, et qu'il n'y aurait qu'eux à payer.* Ces calculs étaient faits par un grand nombre de maîtres qui n'en déclamaient pas pour cela avec moins d'énergie contre tout système d'abolition de l'esclavage (1). Quelques années avant, un de ces Français dont la valeur était venue au secours de l'indépendance américaine disait : Les Virginiens ont du regret d'avoir des esclaves, et ils parlent sans cesse d'un autre mode de culture ; ils se plaignent que *le travail qu'ils font faire à leurs esclaves est plus cher et moins fructueux que celui des journaliers ou domestiques blancs* (2).

A une époque plus rapprochée encore, un colon de la Guyane française, propriétaire de vastes plantations, déclarait formellement, dans une lettre adressée à un voyageur, qui nous l'a transmise (3), *qu'on ne pouvait établir de comparaison entre les frais résultant de la location d'ouvriers libres, et ceux que nécessitent l'achat et l'entretien des nègres,* avec les risques de mortalité, les marronnages, le tems perdu, le soin des femmes, des enfans, des vieillards et des infirmes, etc. Et il ajoutait ces paroles

---

(1) Larochefoucauld, t. vi, p. 85 et suiv.
(2) Chastellux, t. ii, p. 145 et 146.
(3) Stedman, t. iii, p. 315 et suiv

dignes de remarque : « Ce n'est pas dans cette colonie seule (Cayenne) que j'ai puisé mes idées, j'ai vécu dans les colonies de diverses nations européennes ; j'ai étudié le caractère des nègres ; j'ai examiné les diverses manières de les gouverner et leurs effets : *j'ai lu tout ce qui a été écrit pour le maintien et l'abolition de l'esclavage*, et je suis fermement convaincu qu'il est possible de concilier, dans la culture des colonies, la morale avec la politique. »

Mais il ne faut pas croire que le fait soit seulement reconnu par ces colons, partisans de la liberté des esclaves, sages peu nombreux dans les colonies, et que le vulgaire y confond toujours avec les hommes à théories de l'Europe, ce sont les colons apologistes de l'esclavage eux-mèmes qui font l'aveu que les esclaves cultivateurs coûtent plus cher que les ouvriers libres de l'ancien monde. L'un d'eux (1), après avoir présenté un état détaillé de ce qui est donné, chaque année, à l'esclave par son maître, déclare que le manœuvre en Europe ne reçoit de celui qui l'emploie que la SEPTIÈME partie de cette valeur. Certainement il ne peut être dit rien de plus fort en faveur du travail libre, et l'affranchissement sera, s'il est ainsi, un immense service rendu aux propriétaires des colonies dont on prétendait qu'il devait opérer la ruine.

Présentons quelques calculs qui achèveront de mettre la vérité dans tout son jour : réduite en monnaie, la somme que peut coûter un esclave a été généralement évaluée à 5oo fr. par an, l'intérêt du capital compris ; cette somme, divisée en journées, au nombre de 3oo (65 dimanches et jours de fêtes étant retranchés), produit de *trente-trois à trente-quatre sous*, journée qui paraîtra sans doute élevée, comparativement à la journée moyenne du cultiva-

_____

(1) BARRÉ SAINT-VENANT, p. 389 et suiv.

teur d'Europe ; mais qui est exorbitante si l'on se reporte à la vilité des articles de subsistance et de première consommation dans les colonies (1). Nous avons vu que, d'après la nouvelle législation anglaise, quand un maître veut affranchir son esclave, ou bien quand il l'a rendu infirme par de mauvais traitemens, et que la loi l'affranchit, il faut que ce maître nantisse la paroisse qu'habite l'affranchi d'une somme de 200 liv. sterling, dont on paie à ce dernier l'intérêt annuel ou 10 liv. Il en résulte qu'on reconnaît qu'avec 10 liv., ou 250 fr. environ, un esclave, même incapable de travail, ne peut être un fardeau pour la communauté, c'est-à-dire qu'avec *treize à quatorze* sous par jour il pourra subvenir à tous ses besoins ; car s'il n'en était pas ainsi, la somme exigée serait plus considérable. Nous trouvons là une base, qui doit être exacte, pour établir le prix moyen de la journée, pour croire qu'il ne devrait guère s'élever qu'à la moitié du montant actuel. Il suit de là qu'un propriétaire, à qui 100 nègres reviennent l'un dans l'autre à 50,000 fr., gagnerait moitié de cette somme à ce qu'ils fussent transformés en journaliers libres. Et, en supposant que diverses circonstances fissent accidentellement hausser le prix de la main-d'œuvre de manière à la porter au double, il est facile de voir qu'il y aurait encore un grand avantage. En effet, sur les cent nègres, en admettant que, par l'amélioration du régime, les naissances balancent les décès, il y aura nécessairement des enfans, des femmes enceintes, des malades, quelques vieillards infirmes, tous individus qu'il faut retrancher du nombre

(1) On a calculé que, dans diverses parties des États-Unis, un homme peut, avec le prix de sa journée, se nourrir pendant trois ou quatre jours. Il le pourrait mieux encore dans les Antilles, où le sol est bien autrement fécond.

des travailleurs. Supposer qu'il se trouvera toujours 60 individus de l'un et de l'autre sexe, dont le travail vaudra
véritablement journée d'ouvrier, c'est beaucoup dire,
l'expérience l'a prouvé. Si l'on réfléchit ensuite que des
journaliers libres et intelligens travaillent mieux et plus
vite que des esclaves, comme cela est démontré et même
généralement reconnu, on croira sans peine que, tous calculs faits, la production de cent journaliers valides pourra,
dans un tems égal, s'élever au double de celle qui sera
effectuée par les cent esclaves. Par conséquent, le maître,
même en donnant pour salaire à des ouvriers libres ce que
lui coûtent ses esclaves, serait encore beaucoup plus riche;
par conséquent il pourrait leur donner davantage sans rien
perdre, sans altérer en rien ses revenus. Il nous semble
que ces calculs dont nous nous efforçons de ne point exa-
gérer les résultats sont concluans, et qu'ils décident de la
manière la plus formelle la question qu'il s'agissait d'examiner, en même tems qu'ils démontrent, jusqu'à l'évidence, que l'esclavage est la véritable cause de cette cherté
de la production des denrées coloniales qui imposent de
nouveaux sacrifices aux consommateurs, déjà tant surchar-
gés, de la mère patrie.

Toutes choses égales donc, les propriétaires des colonies
obtiendraient plus de revenu avec des ouvriers libres qu'ils
n'en obtiennent avec des travailleurs esclaves. Leur intérêt
ne s'oppose donc pas à l'abolition de l'esclavage; bien au
contraire, cette abolition, fondée sur le principe du rachat,
et qui les ferait ainsi rentrer dans un capital évidemment
mal employé, est réclamée par leur intérêt propre, en
même tems qu'elle est impérieusement commandée par les
intérêts généraux de la société.

Il ne nous reste plus maintenant qu'à montrer comment
pourra être effectuée l'abolition à l'époque où il sera tems

d'en venir à cette grande mesure. Nous allons tracer en peu de mots le plan qui paraît devoir être alors adopté, en nous appuyant des vues émises précédemment sur le même objet par quelques colons éclairés, et de quelques dispositions du Code rural adopté en 1826 par le sénat et la chambre des communes d'Haïti, et actuellement en vigueur dans toutes les parties de cette république.

Nous proposerions donc qu'il fût formé dans chaque colonie une *caisse d'amortissement*, dont le capital primitif serait grossi des intérêts capitalisés, des amendes prononcées comme peines, du produit de la taxe personnelle payée par les affranchis eux-mêmes.

Cette caisse serait destinée à faciliter le rachat ultérieur des esclaves; elle aurait pour administrateurs les mêmes personnes qui dirigeraient la banque d'épargnes destinée à recevoir les économies des esclaves.

Jusqu'au jour où la loi d'affranchissement général serait portée, la caisse concourrait à la libération des esclaves en accordant, à ceux qui auraient mérité cette faveur par leur bonne conduite et par le degré de leur avancement moral, la somme nécessaire pour compléter, avec celle qu'ils posséderaient déjà, le prix total de leur affranchissement.

La loi d'affranchissement général porterait qu'il serait libéré chaque année, à partir de celle de la promulgation, un VINGTIÈME des esclaves de chaque habitation. Ce vingtième serait composé proportionnellement d'enfans, de vieillards et d'adultes, ces derniers toujours choisis parmi les esclaves qui auraient fait les plus fortes économies, ou qui se seraient distingués par leur moralité et leur intelli-

Le prix de rachat serait établi d'après la valeur moyenne d'un esclave adulte dans chaque colonie; mais *il serait fait une déduction proportionnelle suivant la durée des services que chaque esclave aurait rendus à son maître*, de

manière que le prix décroîtrait en raison de l'âge de l'esclave, jusqu'à ce qu'ayant atteint 60 ans, il serait considéré
comme ayant gagné le prix total par ses services, et pourrait être libéré gratuitement, s'il était jugé digne de la liberté.

Les enfans seraient, vu les chances naturelles de mortalité et les dépenses gratuites et souvent perdues qu'ils nécessitent, considérés, à leur naissance, comme n'étant
d'aucune valeur pour leur maître ; et ils pourraient en con-
quence être affranchis par la caisse, moyennant un simple
dédommagement qu'elle accorderait au maître pour le dé-
dommager de la perte causée par la cessation du travail de
la mère ou pour tous autres frais de gestation. L'enfant ainsi
affranchi cesserait entièrement d'être aux dépens du maître,
et la caisse accorderait à ses parens l'annuité nécessaire pour
son entretien, jusqu'à l'âge où il pourrait passer au rang
d'ouvrier libre dans l'habitation, et recevoir un salaire
comme tel.

Pour établir la valeur des esclaves non encore adultes,
il serait fait une sorte de compensation de ce qu'ils auraient
pû coûter et rapporter au maître, depuis leur naissance
jusqu'à l'âge où il s'agirait de les affranchir (1).

Chaque esclave affranchi et parvenu à l'âge adulte passerait au service du maître comme cultivateur libre ; et il
serait tenu de rester attaché à son service pendant dix an-

_____

(1) Nous ne pouvons poser ici que quelques bases pour l'évaluation des esclaves, cette évaluation étant très-variable, comme le mon-
trent les renseignemens statistiques sur les affranchissemens journellement opérés dans les colonies, notamment dans les colonies anglaises. Nous voyons, par exemple, que, pour les affranchissemens opérés de 1821 à 1825, dans douze de ces colonies, le prix moyen des
esclaves a varié entre 16 liv. sterl., 15 shel. et 90 liv. (*Anti-Slavery
monthly reporter*, n° 19, p. 283.)

nées après l'affranchissement, à moins qu'il n'eût des raisons
valables pour le quitter, auquel cas il devrait s'engager,
aux mêmes conditions, chez un autre maître. Il ne pourrait, dans le cours de ces dix années, quitter le travail des
terres, à moins qu'il n'eût de bonnes raisons à faire valoir.
A l'expiration de ces dix années, il jouirait de tous les droits
et priviléges d'un ouvrier libre.

L'oisiveté serait réputée délit et punie d'une peine cor-
rectionnelle (1).

Il serait établi, dans chaque habitation, un jury, composé
des chefs d'atelier et des principaux travailleurs, qui jugerait
les délits de paresse, de négligence et toutes fautes non ca-
pitales ; les peines consisteraient en des amendes graduées ;
ces amendes seraient versées dans une caisse formée dans
chaque habitation, soit pour venir au secours des cultivateurs malades, soit pour offrir des primes d'encouragement au travail.

Le salaire des affranchis consacrés aux cultures consis-
terait dans le QUART des produits de l'habitation (2) ; ce
quart serait distribué entre eux d'une manière proportionnelle, suivant le rang et le degré d'utilité de chacun dans
les travaux. Moyennant l'abandon de cette portion des produits, le maître serait délivré de tous frais et obligations
envers les affranchis, sauf les alimens qui seraient distri-
bués chaque semaine comme auparavant, à moins qu'*il
n'eût établi sur son habitation des jardins de provisions.*

Les affranchis auraient à payer, sur leur part dans les produits, une taxe personnelle qui serait fixée par réglemens
locaux.

Telles sont les dispositions fondamentales du plan que

---

(1) *Code rural d'Haïti*, loi n° 1.
(2) *Id.*, loi n° III.

nous proposons. Il nous sera facile de faire voir qu'il n'y a rien là qui ne soit fondé en raison et tout-à-fait exécutable.

Quant au rachat par une caisse coloniale, ce n'est qu'une extension de ce qui existe. En effet, il y a déjà une caisse semblable qui rachète en certains cas les esclaves, par exemple ceux qui doivent être *justiciés*, ou dont on veut faire des soldats dans les besoins pressans ; l'établissement d'une caisse de rachat a été recommandé plusieurs fois à l'attention du gouvernement par diverses personnes éclairées ; un colon de la Martinique, dont le nom est une autorité (1), en a renouvelé, il y a peu d'années, la proposition.

Le rachat par vingtièmes, outre qu'il devient ainsi plus facile, offre encore de grands avantages ; comme les esclaves qu'on devra affranchir seront toujours choisis parmi ceux qui auraient déjà des épargnes et qui se seraient le mieux conduits, tous seraient par là puissamment excités à travailler avec zèle pour se trouver compris dans le plus prochain vingtième. Cette louable émulation se soutiendrait au moins jusqu'à ce que l'extinction totale fût accomplie. Mais alors les bonnes habitudes seraient contractées, et il n'y a guère lieu de croire que l'esclave qui aurait été, pendant plusieurs années de suite, zélé et laborieux, pour devenir libre, cessât tout-à-coup de se montrer tel, dès qu'il aurait acquis sa liberté. Toutefois, pour le mieux affermir dans ces heureuses dispositions, pour garantir les maîtres contre l'abandon des travaux agricoles, nous avons pensé qu'il fallait que l'esclave restât attaché à une habitation dix autres années encore après son affranchissement. Pendant cette période de demi-liberté, il achèvera de se former à la condition d'ouvrier libre ; il apprendra à ap-

---

(1) M. Dubuc Duferret, officier de marine, et qui a géré une habitation pendant seize ans.

8

précier les bienfaits de cette nouvelle situation. Il est presque impossible qu'après ce tems il ne désire pas de rester attaché à la culture, à moins qu'il n'ait quelque raison spéciale de la quitter. En outre, à l'expiration de ces dix années, il se trouvera presque toujours arrivé à un âge où il ne sera plus tems pour lui de se consacrer à un autre genre de travail ; et comme la loi fera une obligation de ne pas rester dans l'oisiveté, il continuera naturellement de travailler ainsi qu'il aura fait jusque-là. Ses enfans aussi, nés et élevés au sein d'un ordre tout nouveau, et qui ne connaîtront que par ouï-dire cet esclavage qui rendait le travail des terres si vil et si odieux, s'y trouveront voués par la nature même des choses, et à la troisième génération, selon toute apparence, on pourra, si l'on veut, regarder comme non avenues les dispositions qui rendront le travail obligatoire. Ces mesures nous semblent d'un effet sûr pour transformer insensiblement les noirs en paysans libres et disposés généralement, comme partout ailleurs, à consacrer leurs bras à la culture du sol colonial, moyennant le juste salaire qui leur sera donné en retour.

Ce salaire sera, comme on l'a vu, le quart des produits ; par conséquent, il augmentera ou diminuera suivant que l'activité des travailleurs sera plus ou moins grande, et ceci doit contribuer encore à exciter leur zèle. Un colon, dont nous avons plusieurs fois invoqué le témoignage (1), a fait de ce mode de salaire la base du code de culture qu'il proposait au gouvernement. Il en expose en détails tous les avantages, après les avoir avérés, *par sa propre expérience*, dans l'habitation qu'il a dirigée.

Il affirme que le propriétaire gagnerait par cet abandon du quart des produits, et que ses revenus seraient en défi-

---

(1) MALENFANT.

nitive augmentés. Il déclare avoir communiqué ses vues à ce sujet à un grand nombre de colons de toutes les nations : « Je n'en ai pas trouvé un seul , ajoute-t-il , qui ne m'ait répondu : *Nous n'avons nul doute que si les noirs avaient une part ils ne travaillassent de cœur et bien davantage. Il est surprenant que lorsqu'on a fondé les colonies on n'ait pas songé à leur accorder une portion sur les revenus , on aurait évité par là bien des crimes et des malheurs* (pag. 185). » Il y a quelque chose de plus surprenant encore, c'est qu'après avoir si bien reconnu combien un tel système serait préférable , on n'en ait pas seulement essayé de plein gré l'introduction , et qu'on ait attendu , qu'on attende encore d'y être forcé par quelque crise ; mais dans les colonies , quand il s'est agi de changer quelque chose à l'ordre existant , on a toujours dit qu'il n'était plus tems , ou bien qu'il fallait attendre. C'est ainsi que Malouet lui-même avouait (1) qu'à la vérité tout autre système pouvait être établi dans l'origine , mais que maintenant il n'y *avait plus moyen de toucher à cet ordre de choses... que peu* d'années après une révolution terrible avait entièrement renversé !

Nous ne croyons pas devoir déterminer le montant des avances que l'état devra faire pour fonder les caisses de rachat ; mais si l'on considère que le système d'amortissement ne commencerait à opérer activement qu'après le tems jugé nécessaire pour préparer la transition d'un état à un autre , soit par exemple vingt années, et que , pendant ce laps de tems, un certain nombre, peut-être un grand nombre d'affranchissemens auraient été effectués par tous les moyens qu'offrira le nouveau mode d'esclavage ; qu'ensuite la libération totale ne s'opérerait que dans le cours de vingt

(1) *Mémoires* , etc., p. 19

autres années, pendant lesquelles les esclaves, successivement affranchis, paieront la taxe; qu'enfin il y a lieu de
croire que la presque totalité des esclaves auraient alors
amassé une portion du prix de leur rachat; et, quant aux
enfans et aux vieillards, qu'ils ne coûteraient à la caisse
qu'une légère annuité dont le cours des choses la délivrerait
en quelques années : en voilà suffisamment pour prouver
que cette mesure ne pourrait imposer au pays qu'un sacrifice
à peine sensible, et dont il serait un peu plus tard payé au
centuple. Divers moyens s'offriront pour la formation de ce
capital, et tous peut-être pourront être employés concurremment. A la voie d'un emprunt se joindra celui d'un appel à la générosité nationale. Il appartiendra sans doute
à quelqu'une de ces associations qu'inspire l'amour de l'humanité, et qui ont déjà tant fait pour elle, de réclamer
l'honneur d'un semblable appel. Il sera entendu, n'en
doutons pas, dans notre généreuse patrie; eh! qui ne voudrait porter son tribut pour hâter l'accomplissement d'une
mesure qui honorera à jamais la génération par qui elle
aura été conçue et effectuée! Qui ne voudrait concourir à
transformer en français libres et heureux trois cent mille
esclaves, condamnés encore à tant de maux pour nous procurer la jouissance des superfluités coloniales (1)!

Il est facile de concevoir que les noirs passant de la sorte
à une condition analogue à celle des métayers d'Europe,
condition qui a exercé dans plusieurs contrées une si grande
influence sur les progrès de la culture, il n'y aurait plus

---

(1) Il s'est formé en 1828, au cap de Bonne-Espérance, une société dans le but d'aider par des souscriptions volontaires les esclaves à opérer leur affranchissement. Cette société a adopté pour base
d'affranchir d'abord les jeunes femmes et les enfans, et de donner
aussi la préférence aux esclaves appartenant à une des communions
chrétiennes (*Anti-Slavery monthly reporter;* mars 1829, p. 444.)

d'obstacles sérieux à ce que le système agricole des colonies éprouvât les modifications dont la nécessité a tant de fois été reconnue.

L'introduction des cultivateurs blancs serait dès lors très-praticable, moyennant l'obligation qu'ils contracteraient en Europe de se soumettre en tout aux mêmes obligations et réglemens qui régiront les ouvriers libres de la colonie; non-seulement il n'y aurait aucun inconvénient à cette émigration, mais il en résulterait même de grands avantages, soit pour la métropole qui se délivrerait ainsi d'un excédant de population, soit pour les émigrans eux-mêmes dont le sort serait sans doute beaucoup plus heureux qu'en Europe. Le mélange qui s'opérerait dès lors entre les deux races, également consacrées au travail des terres, avancerait la destruction du préjugé de couleur; les immenses terrains encore en friche dans plusieurs colonies seraient bientôt en pleine culture; les procédés agricoles de l'Europe seraient introduits; les instrumens aratoires perfectionnés; la charrue, dont les colons eux-mêmes ont si souvent recommandé l'adoption, la charrue, qui, malgré ses avantages reconnus, *n'est encore adoptée dans aucune de nos colonies* (1), le serait bientôt partout. Alors aussi, on ne pourrait plus opposer le défaut d'intelligence et d'instruction à l'introduction des machines destinées à épargner les sueurs de l'homme. La force motrice de la vapeur pourrait, par exemple, remplacer les bras dans les moulins à sucre; ce qu'il y a de plus pénible dans le travail, entre les tropiques, serait de la sorte effectué par ces puissans appareils qui attestent le génie de l'industrie moderne; la condition des travailleurs en serait d'autant plus améliorée, et c'est ainsi qu'il y aurait à la fois accroissement de pro-

---

(1) MORÉNAS, p. 379.

duction pour le propriétaire et accroissement de bien-être pour le producteur !

Ainsi serait consommée sans troubles et sans catastrophe cette grande et nécessaire réforme !

———————————

Notre tâche est accomplie. Nous avons achevé le tableau de cet esclavage colonial, qui remplit une page si triste et si honteuse dans les annales des tems modernes ; les faits nous l'ont offert dans tout son jour ; et, sous quelque face qu'il se soit présenté à nos regards, nous l'avons toujours trouvé également funeste et destructeur, également criminel, également absurde !

Nous croyons avoir démontré que l'abolition graduelle, mais effective, de cette iniquité sociale, est possible et praticable, qu'aucun obstacle réel ne s'oppose à son accomplissement.

L'Europe a une grande dette à acquitter envers le nouveau monde. L'occasion lui est offerte : qu'elle porte aujourd'hui la liberté où elle introduisit autrefois l'esclavage. Qu'elle affranchisse volontairement une population qu'elle enchaîna sur ce sol, pour remplacer celle que sa cupidité avait détruite, et qu'elle écarte ainsi les orages réservés à un avenir politique peut-être assez rapproché ! Qu'elle donne aux hommes l'utile et mémorable exemple d'un préjugé funeste immolé à la raison, d'une race appelant une autre race aux avantages de la fraternité humaine ! Qu'elle *avoue enfin l'Afrique*, et que ce soit là le plus beau triomphe obtenu jusqu'ici par ce génie de la civilisation, dont il semble que notre siècle a véritablement reconnu l'existence et pressenti les progrès sur la face entière du globe !

Au nom des intérêts les plus élevés de l'ordre social, au nom de la religion et de la philosophie, entre lesquelles existe sur ce point une alliance qu'il faudrait essayer de rendre générale et durable , nous réclamons l'abolition de l'esclavage!

Puisse notre voix être entendue! puissent les accens d'une conviction profonde et sincère retentir jusque dans les conseils de ceux qui président aux destinées des peuples, et y inspirer le désir de fermer l'abîme au bord duquel sont placées les colonies à esclaves! puissent-ils éveiller dans tous les cœurs quelques-unes de ces fortes émotions qui arment l'opinion contre les lenteurs du pouvoir et accélèrent le cours des événemens! puissent-ils surtout entraîner la patrie, cette France qui doit marcher à la tête des nations du vieux monde , à entrer la première en lutte contre l'esclavage , à conquérir la gloire d'avoir été la première à le détruire , la première à le remplacer par un système conforme aux progrès immenses qu'elle a fait faire à l'Europe dans la carrière de la sociabilité!

Et vous, colons, ouvrez les yeux; portez vos regards autour de vous, et ne vous refusez plus à affranchir ces noirs qui , tel est l'inévitable résultat que vous révèle le passé , seront libres un peu plus tard par leurs mains, s'ils ne le deviennent à présent par les vôtres! Épargnez d'affreuses calamités aux générations futures! Si le mode de libération que nous avons proposé est défectueux, adoptez-en un autre; si des sacrifices que nous n'avons pas exigés de vous deviennent indispensables, n'hésitez point à les faire. Qu'à tout prix soit consommée cette heureuse et pacifique révolution qui changera le sort de vos cultivateurs, et vous fera bénir par ceux qui vous maudissent : pour arriver à ce noble but, unissez franchement vos efforts à ceux de vos compatriotes, et méritez véritablement le titre de Français en disant, vous aussi : *Plus d'esclavage!*

www.ingramcontent.com/pod-product-compliance
Lightning Source LLC
Chambersburg PA
CBHW052115090426
42741CB00009B/1822